가만히 있으라
Be Still

가만히 있으라

Be Still

ⓒ 이대섭, 2025

초판 1쇄 발행 2025년 10월 1일

지은이	이대섭
펴낸이	이기봉
편집	좋은땅 편집팀
펴낸곳	도서출판 좋은땅
주소	서울특별시 마포구 양화로12길 26 지월드빌딩 (서교동 395-7)
전화	02)374-8616~7
팩스	02)374-8614
이메일	gworldbook@naver.com
홈페이지	www.g-world.co.kr

ISBN 979-11-388-4810-7 (03230)

- 가격은 뒤표지에 있습니다.
- 이 책은 저작권법에 의하여 보호를 받는 저작물이므로 무단 전재와 복제를 금합니다.
- 파본은 구입하신 서점에서 교환해 드립니다.

Centering Prayer

◆ 관상觀想 휴가로의 초대 ◆

가만히 있으라
Be Still

이대섭 지음

좋은땅

추천의 글

　센터링 침묵기도가 한국인에 의해서 쓰여 소개되니 놀랍고 반갑습니다. 센터링 침묵기도가 나온 지 40여 년이 지났고, 한국에서도 이미 20년 이상 이 기도를 해 온 사람들이 많기 때문에 오히려 늦은 감이 있습니다. 이 책으로 인해 아직도 센터링 침묵기도에 대해 모르거나 오해하고 있는 기독교인들이 이 기도에 더 가깝게 다가갈 수 있는 기회가 되기를 바랍니다.

　저자인 이대섭 교수는 신학자이지만, 제가 만난 그는 목회자이며 기도하는 사람이라는 이미지가 더 큽니다. 한국 샬렘에서 강의를 듣기도 했고, 함께 프로그램을 인도하며 가깝게 만날 시간이 있었습니다. 그 시간들을 통해서 저자의 지성과 능력만이 아니라 인간적인 모습, 무엇보다 영혼의 순수함과 섬세함 그리고 따뜻함을 느낄 수 있었습니다. 그의 훈련된 관상적 태도가 아니었다면 당시 프로그램을 함께 인도하는 과정에서의 어려움을 넘어가기가 어려웠을 것이라고 생각하며 지금도 그에 대해 고마움을 갖고 있습니다.

　제 인생의 오전과 오후를 나누는 전환점에서, 센터링 침묵기도는 저의 제2의 회심 과정을 이끌어 주며 동행해 준 하나님의 선물입니다. 알 수 없는 무지의 구름을 통과해 가는 영적 여정에 빛이 되어 주었고, 구체적으로 저를 십자가 아래 무릎 꿇게 만든 혹독한 스승이기도 합니다. 그런 점에서 저에게 센터링 침묵기도는 하나의 기도 방법을 넘어서는 어떤 것입니다. 이것은 저에게만이 아니라, 방향을 잃고 있는 한국교회에도 분명 길이 될 것이라고 확신합니다.

성장과 선교를 지향하며 달려왔던 한국교회는 이제 그 한계점에 와 있습니다. 기독교가 로마의 국교가 되면서 생명을 잃어 갈 때, 교부들이 사막으로 들어가 고독과 침묵 속에 머문 것 이외의 더 좋은 대안은 없었습니다. 오늘날 기독교가 영적 지도력을 잃은 것은 기독교의 오랜 영적 유산을 잃어버렸기 때문입니다. 센터링 침묵기도는 토마스 키팅 신부가 누누이 강조했던 것처럼, 가톨릭의 영성도 아니고, 동양 종교에서 빌려온 것도 아닙니다. 하나님과의 친밀, 우정을 가꾸는 "관계의 기도"는 다른 어느 종교의 명상법과는 분명히 차별된 기도입니다. 또한 이것은 기독교 본래의 오랜 영적 유산으로서 어느 교파의 전유물이 될 수 없습니다. 저의 경우처럼 이 기도가 탈진하고 길을 잃은 성도나 목회자들에게 소중한 선물이 되기를 바랍니다.

이 책은 여러 장점을 갖고 있습니다. 무엇보다 저자가 신학자로서 명료하게 설명해 주는 이론뿐만 아니라, 기도하는 사람으로서 저자의 **충분한** 기도 경험이 녹아 있습니다. 또한 교사로서 가르치면서 축적된 사례와 질의 응답은 기도를 입체적으로 이해할 수 있게 해 줍니다. 토마스 키팅 신부의 강의는 내용이 깊고 심오하지만 그만큼 이해하기가 쉽지 않습니다. 이것이 센터링 침묵기도가 널리 대중화되는 데 장애가 되는 것이 사실입니다. 이 책은 센터링 침묵기도의 영성과 신학의 핵심을 놓치지 않으면서 독자들이 쉽게 이해하고 부담 없이 시작할 수 있도록 친절하고 따뜻하게 안내해 주고 있습니다. 이 점은 저자의 타고난 능력이기도 하겠지만 그의 오랜 기도 생활에서 형성된 관상적 태도라고 생각됩니다. 다음은 이 책에 나오는 저자의 권면입니다.

"관상기도는 마치 정원을 가꾸는 일과 같다. 처음에는 잡초도 많고 흙도 거칠지만, 시간이 지날수록 점차 아름다운 모습을 갖추어 간다. 하루 5분의 침묵으로 시작한 기도가 어느새 15분, 20분으로 자연스럽게 늘어나는 것을 경험한다. 이는 서두를 필요가 없는 여정이다."

이건종 목사(한국 샬렘 영성훈련원 공동대표)

추천의 글

"잠잠하십시오. 그러면 내가 하나님 됨을 알 것입니다."(시 46:10, 공동번역) 이 말씀은 우리가 충분히 고요하면 하나님을 안다는 말씀이다. 항상 임재하시는 우리 하나님을 만나는 고요함이 왜 그리 어려운지…. 환경의 시끄러움은 본인이 조용한 곳을 선택하면 되지만 내면의 시끄러움은 어떻게 고요하게 할 수 있을까?

우리 모두가 내면의 고요함을 원하지만 어떻게 해야 그런 고요함에 들어가 하나님과의 교제가 깊어지는지에 대한 경험은 쉽지가 않다. 이 책은 어떻게 내면의 센터로 들어가 그 안에 계신 하나님을 경험할 수 있는지 잘 안내한다. 센터링 침묵기도를 매우 쉽고 깊이 있게 수련하기 위해 꼭 필요한 이론적 배경과 실제를 잘 설명해 주고 있다.

이대섭 교수님께서는 그동안의 수련과 가르침을 통해 꼭 전해 주고 싶은 내용을 꼼꼼히 정리하셨다. 그 사랑의 마음과 열정이 이 책 속에 담겨 있다. 필자도 오랫동안 센터링 침묵기도를 수련하고 나누면서 필자의 영적 여정 속에서 발견한 이 소중한 보물, 센터링 침묵기도를 어떻게 다른 사람들에게 나누고 이 영적 여정의 길벗으로 초대할 수 있을까를 늘 고심하고 있다.

그래서 센터링 침묵기도의 바이블과 같이 여겨지는 *Open Mind Open*

Heart(『센터링 침묵기도』, 토마스 키팅, 가톨릭출판사)를 불타는 심정으로 번역했다. 그런데 필자는 그 책이 너무 이해하기 힘들다는 이야기를 자주 들었다. 그래서 필자도 우리들의 정서와 언어로 이해하기 쉽게 책을 써야겠다는 생각을 하면서 자료를 모으고 있는 중이다.

그런데 이대섭 박사님께서 더 일찍 이 책을 펴내 주셔서 진심으로 감사드리며 깊은 찬사를 보낸다. 필자는 늘상 사람들에게 "센터링 침묵기도, 너무 쉬워서 배우기가 좀 어려운 기도예요"라는 말을 하곤 한다. 우리는 무엇을 노력의 대가로 어렵게 성취하고 도달하려는 것에 너무 익숙해서 "편안히 쉬면서 잠잠히 기다리고 있으면 됩니다"라는 이 기도의 초대(시 37:7)는 너무 쉬워서 오히려 너무 어렵다.

그동안 성취와 도약을 위해 노력하고 애쓰던 우리에게 "수고하고 무거운 짐진 자들아 다 내게로 오라 내가 너희를 편히 쉬게 하리라"(마 11:28)는 주님의 초청은 너무 감사하고 반가우면서도 좀 난감하다. 어떻게 맡기고 편안히 쉬는지 잘 모르기 때문이다. 센터링 침묵기도의 별명은 "하나님께 맡기고 쉬는 기도"다.

그래서 이 쉬운 기도를 배우고 수련하기만 하면, 주님 안에서 잠시 쉬는 "관상 휴가"를 통해 우리의 삶 속에 잔잔하게 찾아오는 주님의 임재, 그분만이 주시는 평안, 세상이 줄 수 없는 평안을 경험하게 된다.

이러한 열매는 우리로 하여금 4세기 닛사의 그레고리(Gregory of Nyssa)가 해석한 성삼위일체 하나님의 '페리코레시스'(perichoresis, 삼위일체 하나님은 춤추며 찬양하는 하나 됨의 친교 속에 공존한다는 의미)에 참여하게 한다. 우리가 주님의 임재를 나누며 주님과 함께 평화의 도구로 사용될 수 있다니… 이 얼마나 큰 축복인가?

우리의 영적 여정에서 너무 소중한 센터링 침묵기도를 짧고 간결하고 깊이 있게 정리한 이 책에 대해 다시 한번 고마운 마음을 전하면서 적극적으로 이 책을 추천한다.

권희순(전 감리교 신학대학교 기독교 영성학 교수)

목차

추천의 글   4

프롤로그   13

제1장   기도: 하나님과의 관계

1. 고요 속에서 열리는 공간   23
2. 센터링 침묵기도와의 만남: 나의 영적 여정   26
3. 침묵 속에서 깊어진 하나님과의 관계   30
4. 침묵 속에서 하나님 됨을 아는 것(시 46:10)   33
5. 골방에서 시작되는 내면의 여정(마 6:6)   37
6. 관상기도: 하나님의 현존 안에서의 깊은 쉼과 회복   42
7. 기도의 여정: 하나님과의 관계를 깊게 하기   44
8. 렉시오 디비나와 센터링 침묵기도   47
9. 마무리   50

제2장   센터링 침묵기도: 어떻게 시작할까?

1. 네 가지 지침   58

    거룩한 단어 선택   60

    편안히 앉아 거룩한 단어 떠올리기   62

    생각이 떠오를 때 거룩한 단어로 돌아가기   63

    기도 후 침묵 속에 머무르기   68

    센터링 침묵기도의 핵심   69

2. 자주 묻는 질문과 답변: 센터링 침묵기도의 실제   72

3. 마무리   84

제3장 진정한 나를 찾는 여정: 영적 통찰

1. 존재의 근원적 물음: 나는 누구인가?   89
2. 욕구 충족을 넘어서: 하나님과의 깊은 관계로   91
3. 치유의 은총: 하나님 앞에서의 정화   94
4. 침묵의 지혜: 알리피우스 신부의 가르침   96
5. 광야의 지혜: 정체성과 사명의 발견   99
6. 부서짐의 은총: 베드로의 이야기   102
7. 은혜의 고백: 치유와 내면의 여정   105
8. 역할을 넘어, 내면을 걷다   108
9. 마무리   113

제4장 진정한 나를 찾는 여정: 심리적, 신학적 통찰

1. 심리적 통찰   117
    내면으로의 첫걸음   117
    센터링 침묵기도의 심리적 경험: 일곱 "순간들"   118
    인식의 네 수준: 일상에서 참자아를 만나는 영적 여정   121
    현존의 기도, 치유의 여정   124
2. 신학적 통찰   126
    침묵 속에서 만나는 하나님   126
    하나님의 사랑의 춤에 초대받다   128
    비움과 채움의 역설: 그리스도를 따르는 길   130

>   고독에서 연대로: 센터링 침묵기도의 공동체적 차원　　131
>   통합된 영성의 길로의 초대　　133
> 3. 자주 묻는 질문과 답변　　135
>   신체적/심리적 경험　　135
>   영적 깨달음과 변화　　138
>   일상에서의 적용　　141
> 4. 마무리　　148

제5장 내면에서 일상으로: 관상적 삶

> 1. 일상에서 하나님과 동행한 로렌스 형제　　154
> 2. 고독과 침묵에서 나오는 연대와 긍휼의 섬김　　156
> 3. 참된 행복의 역설: 팔복과 하나님 나라　　162
> 4. 내면에서 세상으로: 평화, 정의, 생명으로 흐르는 사랑　　166
> 5. 일상의 은혜: 함께 깊어지는 영성의 여정　　170
> 6. 마무리　　173

부록

> 1. 일상에서의 관상기도 통합 실천 가이드　　176
> 2. 토마스 키팅의 거짓 자아 해체 다이어그램　　186
> 3. 렉시오 디비나와 센터링 침묵기도　　190
> 4. 센터링 침묵기도 수련회 참석자들의 체험담　　192

에필로그　　207
주요 참고문헌　　214

프롤로그

새벽 어둠이 아직 가시지 않은 시간, 알람 소리에 눈을 뜬다. 생수 한 잔으로 몸을 깨우고 스마트폰을 켜 메일을 확인한다. 오늘도 해야 할 일들이 일정표에 가득 채워져 있다. 그리고 문득, 마음 한구석에서 속삭임처럼 이런 생각이 스친다.

'또 같은 하루가 시작되는구나.'

바쁘게 돌아가는 일상 속에서 우리는 때로 자신을 잃어버린다. 해야 할 일은 끝이 없고, 성취해야 할 목표들은 산처럼 높다. 그런데 이상하다. 더 열심히 살수록, 더 많이 성취할수록 마음 한구석은 왜 더 메말라 가는 걸까?

영성 공부를 위한 유학 생활과 영어 사역을 하던 그 시절, 나 역시 그런 갈증을 느끼고 있었다. 하나님을 위한 일을 하고 있다고 생각했지만, 정작 하나님과의 깊은 만남은 어디에서 찾을 수 있는지 알 수 없었다.

바로 그때, **센터링 침묵기도***가 내게 찾아왔다.

---

* 센터링 침묵기도(Centering Prayer)는 오랜 기독교 전통의 현대적 해석이다. 1970년대 초 미국의 토마스 키팅(Thomas Keating) 신부와 동료 신부들이 현대인들을 위해 체계화했지만, 그 뿌리는 중세 기독교 수도원의 깊은 침묵기도와 신비주의 전통에 닿아 있다.

'센터링'이라는 이름에는 깊은 의미가 담겨 있다. 기도하는 동안 우리의 마음과 의식을 하나님께 집중하고, 바깥의 소음을 멈추어 내면의 고요와 평화를 찾으려는 의도가 담겨 있다. 이는 시편 기자가 노래한 "가만히 있어 내가 하나님 됨을 알지어다"(시 46:10)의 현대적 실천이라

처음엔 단순했다. 그저 조용히 앉아서 하나님 앞에 머무는 것. 아무런 기대도, 특별한 계획도 없이. 하지만 그 고요함 속에서 놀라운 일이 일어나기 시작했다.

마음의 불안이 잦아들었다.

영혼이 깊은 쉼을 얻었다.

그리고 무엇보다… 내가 누구인지 새롭게 발견하기 시작했다.

'성공해야 하는 사람'에서 '하나님의 사랑받는 자녀'로.

'인정받아야 하는 사역자'에서 '그분 안에서 쉼을 누리는 존재'로.

'완벽해야 하는 크리스천'에서 '은혜 안에서 자라 가는 순례자'로.

이는 단순한 마음의 평안을 넘어서는 **존재론적 변화**였다.

물론 모든 것이 완벽해진 건 아니다. 지금도 때로는 은은한 걱정이 마음을 스치고, 미래에 대한 불안이 찾아온다. 무기력함이 밀려와 아무것도 하고 싶지 않을 때도 있다.

하지만 이제 나는 안다.

이런 순간이 찾아올 때마다 돌아가야 할 곳이 어디인지를. 모든 생각을 내려놓고 하나님 앞에 머물 때, 신비롭게도 새로운 연결이 일어난다는 것을. 마치 방전된 배터리가 조용히 충전되듯, 그분과 함께하는 고요한 시간 속에서 새로운 생명력이 차오른다는 것을.

고 할 수 있다.

이 기도는 한국 가톨릭에서 '향심(向心)기도'로 번역되어 왔다. '향심기도'라는 이름은 마음을 하나님께 향하게 한다는 아름다운 의미를 담고 있다. 이 책에서는 개신교 독자들이 더 친숙하게 접근할 수 있도록 권희순 목사의 번역을 따라 '센터링 침묵기도'라는 이름을 사용했다. 이는 기도의 본질인 하나님과의 깊은 만남을 더 직접적으로 표현하는 이름이기도 하다.

그리고 이 변화는 혼자만의 것이 아님을 깨닫는다.

모임 중 잠시 눈을 감는 순간의 고요함, 이른 아침 달리기를 할 때 느끼는 맑은 공기, 길가에 피어난 들꽃의 향기, 동료의 표정에서 발견하는 작은 이야기들… 이전에는 스쳐 지나갔을 이런 순간들이 이제는 깊은 은혜로 다가온다.

내 안에 자리 잡은 평화가 자연스럽게 주변으로 흘러가고, 공동체 안에서 더 깊은 연결이 이뤄지며, 세상을 바라보는 눈길도 달라진다.

관상(觀想) 휴가: 시로부터 받은 영감

이 책의 제목을 고민하던 중, 뜻밖의 선물처럼 박노해 시인의 「관상(觀想) 휴가」를 만났다.

70년대 치열한 사회운동 속에서도 그는 늘 존재의 근원적 변화를 추구해 왔다. "진정한 혁명은 내면의 혁명에서 시작된다"는 그의 통찰은, 수감 생활을 끝낸 후 평화운동가로서의 삶으로 이어졌다. 그가 아프리카, 중동, 아시아, 중남미 등 가난과 분쟁으로 신음하는 지역을 찾아다니며 전하는 평화의 메시지는, 자신의 내면에서 발견한 깊은 고요에서 출발한다.

> 나의 여름 휴가는 아무 데도 가지 않고
> 아무것도 하지 않는 관상(觀想) 휴가
> 문 앞에 "묵언 중입니다. 방문 사절. 미안"
> 팻말을 내걸고 전화기도 뉴스도 끊고
> (…)

분주한 세상의 한가운데서
나의 상념과 감정과 고해와 내면을
오롯이 지켜보는 깊고 치열한 쉼

"오롯이 지켜보는 깊고 치열한 쉼."
 이 구절은 우리가 찾고 있는 것이 단순한 무위(無爲)가 아님을 일깨운다. 그것은 깊은 알아차림과 현존의 자리로의 초대다. 하나님 안에서 참된 쉼을 누리고, 그분과의 연합을 통해 삶과 관계 속에서 성령의 열매를 맺는 것. 이것이 바로 우리가 경험하게 될 관상적 삶의 본질이다.

이 책은 누구를 위한 여정인가?

 바쁘고 지친 일상 속에서도 참된 쉼을 찾고 싶은 이들에게, 하나님과 더 깊이 연결되고 싶은 모든 신앙 여정자에게, 외적 성공과 내적 고갈 사이에서 길을 잃은 사역자와 리더들에게, 그리고 신학과 심리, 영성의 통합적 길을 찾는 구도자들에게 이 책을 전한다.
 이 책은 단순한 기도 이론서가 아니라, **하나님과 하나 되는 길을 안내하는 든든한 동반자**다. 특히, 센터링 침묵기도에 처음 입문하는 이들에게는 안전하고 따뜻한 입문서가 될 것이며, 이미 걷고 있는 이들에게는 더 깊은 자리로 인도하는 **은총의 나침반**이 될 것이다.

책의 구성: 하나님과 하나 되는 여정의 안내도

센터링 침묵기도는 하나님을 바라보며 모든 생각과 걱정을 내려놓고, 그분과 하나 되는 쉼을 경험하는 기도다. 7세기의 교부 그레고리 대제(Gregory the Great)가 '하나님 안에서의 쉼'이라고 표현했던 이 경험은, 단순한 신앙적 행위를 넘어 우리의 존재 자체를 깊이 변화시키는 여정이다.

제1장. 기도: 하나님과의 관계

대화를 뛰어넘어 친밀한 하나 됨으로 나아가는 기도의 새로운 차원을 발견한다. "기도가 잘 안 돼요", "머리로는 아는데 마음으로는 와닿지 않아요"라는 많은 이들의 고민을 풀어 가며, 관상기도를 통해 하나님과 하나 되는 체험으로 나아간다.

제2장. 센터링 침묵기도: 어떻게 시작할까?

"그냥 가만히 앉아 있기만 하면 되나요?", "생각이 자꾸 떠올라요"와 같은 초심자들의 질문부터 시작한다. 센터링 침묵기도는 수행의 완벽함보다 하나님과의 관계에 초점을 둔다. 마치 사랑하는 이의 곁에 조용히 앉아 있듯, 하나님 앞에 마음을 여는 것만으로도 충분하다는 것을 발견하게 된다.

제3장. 진정한 나를 찾는 여정: 영적 통찰

우리는 때로 스스로를 '좋은 크리스천', '성공한 직장인', '완벽한 부모'로

규정하며 산다. 그러나 이런 겉모습 너머에 하나님이 창조하신 참된 나는 누구일까? 조건화된 자아를 넘어 하나님 안에서 자신을 새롭게 발견하는 여정을 함께 걸으며, 진정한 자유와 평화를 만나게 된다.

제4장. 진정한 나를 찾는 여정: 심리적, 신학적 통찰

"왜 나는 자꾸 이런 감정에 휘둘리지?", "어떻게 하면 내면의 상처를 치유할 수 있을까?" 우리가 마주하는 내면의 혼란과 아픔을 함께 들여다본다. 억눌린 감정을 직면하고 치유하는 '심리적 통찰'과 삼위일체 하나님의 사랑과 예수님의 자기 비움을 통해 이루어지는 '영적 갱신'이 만나는 지점을 탐구한다.

제5장. 내면에서 일상으로: 관상적 삶

관상기도는 기도실의 문을 닫는 순간 끝나는 것이 아니다. 출근길 지하철에서, 업무 미팅 중에, 가족과의 저녁 식사 자리에서… 일상의 모든 순간이 하나님과 함께하는 거룩한 현존의 자리가 된다. 개인의 평화가 관계와 사회로 흘러가며, 마침내 모든 피조물과 함께 호흡하는 우주적 차원으로 확장되는 관상적 삶의 실제를 다룬다.

"너희는 가만히 있어 내가 하나님 됨을 알지어다."
– 시편 46:10

이 고요함 속에서, 우리는 조금씩 달라지기 시작한다.
이 **가만히 있음** 속에서, 새로운 세계가 열린다.

이 **관상 휴가** 속에서, 참된 나를 만나게 된다.

센터링 침묵기도를 통해 걷는 각자의 여정은 이 세상에 단 하나뿐인 특별한 이야기가 될 것이다. 이 책이 하나님과의 친밀한 만남을 이끌어 주는 다리가 되어, 일상의 모든 순간에서 내면의 평화와 기쁨이 흘러넘치는 변화를 경험하도록 돕는 동반자가 되길 소망한다.

제1장

기도: 하나님과의 관계

침묵은 단순히 말하지 않는 것이 아니다.
그것은 하나님의 현존 안에서
사랑으로 깨어 있는 것이다.
마치 사랑하는 이의 곁에서
말없이 함께 있을 때 느끼는
그 충만함처럼,
하나님과의 침묵은 가장 깊은 친밀함의 표현이다.
- 메리 마가렛 펑크(Mary Margaret Funk)

우리는 단지 말씀에만 귀를 기울이지 않고,
말씀들 사이의 침묵의 공간에도 귀를 기울인다.
그곳에서 말씀들이 생겨난다.
말씀에 사로잡히도록 자신을 허락한다면,
그분의 침묵까지 들을 수 있을 것이다.
- 돔 베르나르도 올리베라(Dom Bernardo Olivera)

고요 속에서 열리는 공간

고요 속에서 일어나는 하나님과의 깊은 만남은 내 영혼의 쉴 자리다. 이 기도가 없다면 내 삶이 공허해지고, 내가 하는 모든 일이 의미 없게 느껴질 때가 있다. 하나님과의 깊은 관계를 누리는 이 시간을 나누게 된 것은 참 감사한 일이다.

특히 하나님 나라 복음 DNA 네트워크에서 진행한 센터링 침묵기도 수련에서의 경험은 잊을 수 없다. 그때의 떨리는 마음이 아직도 생생하다. 많은 한국 교회에서 이 기도가 낯설게 느껴질 수 있다는 것을 알기에, 처음에는 조심스러웠다. 하지만 이제는 그런 반응들도 이해하며, 내가 경험한 깊은 만남을 조금씩 나누고 있다. 이제 센터링 침묵기도는 내 삶의 중심이 되었다. 하나님과 더 깊이 연결되고, 그분이 일하시도록 자리를 내어 드리는 이 시간이 없다면 살아갈 수 없을 것 같다. 이 기도 안에서 나는 놀라운 일들을 목격한다. 하나님께서 일하시는 것을 지켜보며 그저 감탄할 뿐이다.

겉으로 보면 나는 아무것도 하지 않는 듯하다. 하지만 그 고요 속에서 놀라운 일이 일어난다. 하나님과의 깊은 관계를 통해 내 마음 안에 새로운 공간이 열리는 것이다. 내 계획과 의도, 욕심으로 가득 찼던 마음이 조금씩 정화되면서, 그 자리에 하나님의 현존이 스며든다. 마치 흐린 물이 맑아지듯, 내 안의 혼탁함이 걷히고 하나님의 임재로 채워지는 것이다.

이러한 변화는 특히 영성지도를 할 때 가장 분명하게 드러난다. 단순히 '나'라는 존재가 누군가를 만나는 것이 아니다. 내 안에 깃든 하나님의 현존이 그들을 만나는 것이다. 상대방의 이야기에 귀 기울일 때면, 내 안에서 함께하시는 하나님이 그들의 마음을 어루만지신다. 때로는 침묵 속에서, 때로는 깊은 공감 속에서 하나님의 임재가 흘러간다. 놀라운 것은 그 순간 상대방도 이것을 느낀다는 것이다. 우리의 대화 가운데 함께하시는 하나님을 그들도 경험하게 되는 것이다.

이런 만남 속에서 사람들의 삶에 깊은 변화가 일어나는 것을 본다. 그들의 관점이 새로워지고, 전에는 보지 못했던 희망과 가능성을 발견한다. 오랫동안 풀리지 않던 내면의 매듭이 슬며시 풀어지기도 한다. 이 모든 것은 결코 내가 하는 일이 아니다. 하나님께서 하시는 일이다. 내가 할 일은 단순하다. 하나님께 더 많은 자리를 내어 드리는 것. 그럴 때 하나님은 더욱 자연스럽고 온전하게 일하신다.

그래서 나는 만남이나 모임 전에 반드시 기도로 마음을 비운다. 대화 중에도 끊임없이 하나님의 현존을 의식하려 한다. 그러면 내가 전혀 예상하지 못했던 통찰이 떠오르고, 놀라운 치유의 순간들이 찾아온다. 물론 나는 내 경험과 지식을 활용한다. 하지만 그것은 이제 하나님과의 깊은 하나 됨 속에서 흘러나온다. 마치 숙련된 무용수가 음악과 하나 되어 자연스럽게 춤추듯, 하나님과 조화를 이루며 움직이는 것이다.

이렇게 하나님과 하나 되어 움직일 때, 새로운 길이 열린다. 예기치 않은 방향이 드러나고, 창조적인 해결책이 떠오른다. 그것은 마치 예술가가 영감에 이끌려 작품을 만들어 내듯 자연스럽고도 놀랍다. 이전에는 눈에 들어오지 않던 길이 보이고, 생각지도 못했던 선택들이 가능해진다. 이 모든 과정이 하나님과 함께하는 아름다운 여정이 된다.

센터링 침묵기도와의 만남: 나의 영적 여정

내가 어떻게 이 길을 걸어오게 되었을까? 돌아보면 하나님은 매 순간 나를 더 깊은 곳으로 이끄셨다.

- 어린 시절(신앙의 시작): 시골 교회에서 시작된 나의 신앙은 지극히 평범했다. 주일학교 선생님들과 친구들의 전도로 신앙생활을 시작했고, 예배와 교제는 좋았지만 대표 기도만큼은 늘 두려웠다. 미리 준비한 기도문을 읽는 것이 전부였다.
- 대학 시절(신앙의 전환점): 변화는 대학에서 시작되었다. 선교단체에서 처음 배운 큐티와 기도를 통해 하나님과의 인격적 관계가 형성되었다. 말씀 묵상을 통해 하나님이 내 삶 속으로 들어오셨고, 내 삶의 방향은 완전히 바뀌었다. 사회적 성공을 향하던 내 걸음이 청년들을 위한 사역의 길로 전환된 것이다.
- 영적 갈등과 치유: 수련회와 집회에서의 통성기도는 회개의 눈물로 이어졌지만, 마음 깊은 곳의 갈등은 여전했다. 특히 용서하지 못한 형제와의 관계가 마음을 짓눌렀다. 그 문제를 안고 찾아간 예수원에서의 3개월은 치유의 시간이었다. 성령의 은사와 세례를 경험하며

마침내 오랜 갈등을 해결할 수 있었다.
- 영적 지평의 확장: 신학대학원에서의 공부와 복음주의권 진보적 선교단체에서의 활동, 사회참여적 교회 사역자들과의 교제는 나의 시야를 넓혀 주었다. 전원마을에서의 영성 수련은 신앙의 지평을 열어 주었고, 아리랑 산촌에서의 집단상담은 내면의 깊은 치유를 경험하게 해 주었다.
- 청년부 사역자로서의 성장: 지역교회에서 청년들을 섬기면서 나름대로 성장했다고 생각했지만, 내면의 깊은 분노와 두려움은 여전했다. 상담과 훈련으로 조금씩 다루어 갔으나, 뿌리 깊은 상처는 남아 있었다.
- 이냐시오 영성과의 만남: 큰 전환점은 이냐시오 복음 관상과의 만남이었다. 상상을 통해 하나님과 나 자신을 만나면서 내면의 자유를 경험했다. 렉시오 디비나를 통해 하나님의 음성을 더 깊이 듣게 되었고, 그 안에서 위로와 힘을 얻었다.
- 미국 유학과 우울증: 기독교 영성 박사과정 합격 후 찾아온 우울증은 6개월 동안 나를 짓눌렀다. 기존에 해 오던 기도나 운동은 아무런 효과가 없었다. 이런 힘든 시기를 지나며 센터링 침묵기도를 만나게 되었다.
- 새로운 영적 차원의 발견: 센터링 침묵기도는 단순한 마음의 평정을 넘어 하나님과의 깊은 관계로 이어졌다. 하나님을 향한 사랑의 의도에 집중하고, 단순한 비움이 아닌 하나님으로의 채움을 추구한다는 점에서 본질적인 차이가 있었다.
- 매일의 기도 리듬: 하루 세 번의 침묵 시간은 내 삶의 중심이 되었

다. 이 시간은 하나님과의 깊은 교제로 발전해 갔고, 하나님의 현존으로 채워지는 시간이 되었다.
- 기독교 전통 속 새로운 흐름: 1960년대 미국의 트라피스트 수도사들, 특히 토마스 키팅, 바실 페닝턴(Basil Pennington), 윌리엄 메닝거(William Meninger)는 기독교 전통의 침묵기도를 현대인의 필요에 맞게 재구성했다. 그들은 젊은 세대들에게 기독교 안에 깊은 영적 길이 있음을 보여 주고자 했다. 시간이 지나면서 센터링 침묵기도는 기독교 내에서 건강하고 유익한 기도의 한 방법으로 자리 잡았다.
- 트라우마의 치유와 성장: 관상기도와 침묵 수련을 통해 나는 내면의 깊은 곳으로 들어가 하나님의 손길 속에서 새롭게 발견되는 경험을 했다. 어린 시절 가정에서 받은 상처와 신체적 학대는 내게 깊은 트라우마를 남겼다. 이로 인해 나는 관계 속에서 지속적인 두려움을 느꼈고, 갈등 상황을 회피하려 했으며, 내 진정한 목소리를 내는 것조차 힘겨워했다. 하지만 심리 상담과 영성지도의 도움, 그리고 특히 관상기도를 통해 변화가 시작되었다. 기도 속에서 나는 점차 나의 상처를 직면할 수 있게 되었고, 그것들을 하나님께 내어 드리는 과정을 통해 치유되어 갔다. 이는 단순한 상처의 치유를 넘어, 하나님 안에서 더 온전한 존재로 성장해 가는 여정이 되었다. 내면의 두려움이 사라지진 않았지만, 그것을 하나님과 함께 바라보고 다룰 수 있는 힘이 생겼다.
- 다른 이들과의 동행: 이러한 개인적 치유의 경험은 자연스럽게 다른 이들을 돕고자 하는 열망으로 이어졌다. 미국 신학대학원에서 학생들을 가르치며, 그들도 나와 비슷한 여정을 걷고 있음을 발견했다.

젊은 세대들은 전통적 신앙의 형식을 넘어 더 깊은 영적 경험을 갈망했고, 센터링 침묵기도는 그들에게 하나님과의 친밀한 관계를 회복하고 내면의 상처를 치유받는 소중한 통로가 되었다. 한국에 있는 분들과의 나눔을 통해서도 이 시대에 센터링 침묵기도의 필요성을 더욱 분명히 보게 되었다.
- 현재의 여정: 매일의 침묵 속에서 나는 계속 배우는 학생이며, 동시에 다른 이들의 여정을 돕는 동반자가 되어 가고 있다. 가장 큰 깨달음은 우리가 찾는 모든 평화와 치유의 근원이 하나님께 있다는 것이다. 센터링 침묵기도는 그분께 나아가는 신실한 길이며, 그 안에서 우리는 참된 자아와 하나님을 만날 수 있다.

지난 15년간의 가르침과 안내를 통해, 이 기도가 단순한 영성 훈련을 넘어 깊은 변화를 가져오는 여정임을 확신하게 되었다. 매주 수업에서 만나는 학생들과 온라인으로 연결되는 한국의 참가자들은 각자의 방식으로 하나님을 찾고 있으며, 이 기도를 통해 참된 평화와 안식을 발견해 가고 있다.

침묵 속에서 깊어진 하나님과의 관계

센터링 침묵기도는 나를 깊은 고요함으로 초대했다. 그것은 단순히 생각이나 말을 멈추는 것이 아니라, 내 내면의 소음과 불안을 내려놓고 하나님의 사랑 안에 머무르는 기도였다. 이 기도는 마치 깊은 물에 천천히 잠기는 것 같았다. 얕은 물에서는 파도와 소음이 끊이지 않지만, 깊은 물로 들어갈수록 모든 것이 조용해지고, 그 고요 속에서 하나님의 현존을 더 분명히 느낄 수 있었다. 그렇게 침묵 속에 머물렀을 때, 나는 하나님께서 나를 있는 그대로 사랑하신다는 것을 경험했다. 그것은 내 삶의 커다란 전환점이 되었다.

하나님과의 친밀한 관계는 단순히 신앙생활의 목표가 아니라, 내 삶을 온전히 살아가게 하는 근원임을 깨달았다. 하나님과 더 깊이 연결될수록, 이전에는 도망쳤던 문제들을 용기 있게 직면할 수 있었다. 갈등을 피하던 나는 이제 그 갈등 속에서도 하나님의 사랑과 지혜를 구하며 머물수 있게 되었다. 하나님께 내 모든 것을 맡길 때, 삶의 중심이 잡히고 사역과 일상 속에서 성령의 열매가 자연스럽게 맺히는 것을 경험했다.

이 여정은 단기간에 이루어진 것이 아니었다. 서서히, 조금씩 변화가 일어났다. 이전에는 어려운 결정을 앞두고 불안해하며 피했지만, 이제는 그 상황을 하나님께 맡기고 평안 가운데 머물 수 있게 되었다. 사역 중 겪는 갈등 앞에서도 즉각적인 해결책을 찾기보다는 먼저 침묵 속에서 하나님의 지혜를 구하는 습관이 생겼다. 어느 날 문득, 두려움과 긴장이 찾아올 때도 더 이상 도망가지 않고, 그 감정들을 알아차리면서 하나님과 함께 그 자리에 머물 수 있는 힘이 생겼음을 발견했다. 센터링 침묵기도가 내 삶에서 어떤 열매를 맺었는지 알게 되었다. 결과를 성취하기 위해 달려가는 것이 아니라, 지금 이 순간 하나님과 함께 걸어가는 그 과정 자체가 하나님의 마음 안에 있는 삶임을 깨달았다.

  침묵은 내가 하나님의 음성을 듣는 공간이었다. 내 내면의 불안을 가라앉히고, 그분의 부드럽고 조용한 속삭임을 들을 수 있는 자리였다. 센터링 침묵기도는 그 침묵 속에서 하나님의 사랑 안에 잠기는 시간이 되었다. 이 기도를 통해 나는 하나님과 더욱 친밀해졌고, 그분 안에서 나의 존재가 온전히 회복되어 가는 것을 느꼈다. 하나님과의 하나 됨은 나를 새롭게 하고, 내 삶을 하나님의 사랑이 흘러가는 통로로 변화시켰다.

  지금도 나는 초보자의 마음으로 이 길을 걸어가고 있다. 때로는 침묵이 어렵고, 센터링 침묵기도 중에 집중하지 못할 때도 있다. 그러나 그것은 중요하지 않다는 것을 배웠다. 하나님과 함께하는 이 길 위의 순간순간이야말로 내 삶의 진정한 고향이자 본향이기 때문이다. 나는 하루 세 번의 침묵기도 시간을 이어 가고 있다. 때로는 바쁜 일상 속에서 이 시간을 지키기가 쉽지 않지만, 이것이 가장 중요한 우선순위임을 알기에 꾸준히 지키려 노력한다. 이렇게 규칙적으로 기도할 수 있는 환경이 주어진 것이 아무에게나 허락되지 않는 축복임을 깊이 감사하며 누리고 있다. 결과를 성취하거나 완벽한 상태에 도달하는 것이 목표가 아니라, 하나님을 향하며 그분의 현존 안에서 살아가는 이 여정 자체가 이미 나를 하나님의 사랑 안에 머물게 한다. 이 길 위에서 나는 하나님의 나라를 경험하고 있으며, 그 나라를 매일 새롭게 누리고 있다. 하나님 안에 머무는 이 삶이 곧 나의 쉼이자 기쁨이다.

침묵 속에서 하나님 됨을 아는 것(시 46:10)

"너희는 가만히 있어 내가 하나님 됨을 알지어다."(시 46:10) 이 구절은 매우 잘 알려진 말씀이다. 관상기도나 침묵기도를 할 때 자주 활용되는 구절이다. 이 구절은 명령문으로, 영어로는 "Be still"이라고 번역된다. 즉, 우리는 먼저 가만히 있어야만 하나님을 제대로 알 수 있다. 가만히 있는다는 것은 단순히 몸을 멈추는 것이 아니다. 우리의 내면에서 소란스러운 감정과 생각들을 잠재우고, 내면의 깊은 평화를 찾는 것을 의미한다.

마치 폭풍우 후의 호수가 차츰 잔잔해지며 바닥이 보이기 시작하듯, 우리의 마음이 고요해질 때만이 진정한 인식을 경험할 수 있다. 이때 평소에는 보지 못했던 내면의 풍경들이 하나둘 드러나기 시작하며, 심리적이고 영적인 차원에서 더 깊은 알아차림이 가능해진다. 하나님을 아는 것은 단순한 지적 이해를 넘어서야 한다.

시편 46편의 전후 문맥을 보면, 하나님께서 이스라엘과 지구, 우주에서 일하시며 높임을 받으실 것이라는 이해가 담겨 있다. 이러한 이해는 지적인 차원에 머물 수 있다. 하나님의 존재를 더 깊이 인식하기 위해서는 우리의 내면으로 들어가는 것이 필요하다. 깊은 내면의 알아차림을 통해 하나님이 이 세상에 함께하실 뿐만 아니라 모든 것 안에서 일하시는 모습을 바라볼 수 있다. 그럴 때 우리는 하나님과의 친밀한 관계를 누릴 수 있다.

가만히 있고 침묵하는 것은 신비이신 하나님을 만나는 길이다. 마치 어둠 속에서 눈이 적응하며 차츰 주변이 보이기 시작하듯, 침묵 속에서 우리의 영적 시야가 열리기 시작한다. 이 만남을 통해, 우리는 하나님과의 친밀한 관계를 경험하며, 하나님 안에서 우리의 참된 자아를 발견한다. 하나님의 형상대로 지음 받은 우리의 본래 모습을 알게 될 때, 우리는 하나님과 더욱 깊이 연합하며 그분의 일하심에 참여할 수 있다.

침묵 속에서 하나님과의 만남을 경험할 때, 모든 것 가운데 계신 하나님을 찬양하게 되며, 내면 깊은 곳에서 하나님 안에서의 평화와 회복을 경험한다. 이는 단순히 식사 중 기도나 교회에서의 공적 기도를 넘어서는 깊은 인격적 만남을 의미한다. 마치 오랜 친구와 말없이 함께 있어도 편안한 것처럼, 하나님과의 침묵 속 만남은 말씀과 기도를 통해 더욱 깊어진다.

파스칼은 "인간의 모든 불행은 그가 자기 방에 조용히 머물 수 없다는 단 한 가지 사실에서 비롯된다"고 말했다. 이 통찰은 끊임없이 스마트폰을 들여다보고, 무한 스크롤에 빠져드는 현대인의 모습을 정확히 예견한 것 같다. 우리는 잠시라도 혼자 있는 시간을 견디기 힘들어하며, 쉼 없는 자극과 정보의 흐름 속에 자신을 맡긴다. 그러나 이런 외부의 소음은 우리 내면의 목소리를 더욱 잠재울 뿐이다.

끊임없는 자극과 소음에서 벗어나 하나님과의 깊은 만남에 대한 갈망을 마주할 때, 처음에는 마치 오랫동안 닫혀 있던 방의 문을 여는 것처럼 두렵고 낯설다. 그러나 점차 그 안에서 우리는 감정을 있는 그대로 바라보고 수용할 수 있는 힘을 얻게 된다. 시편 46편의 "가만히 있어라"는 말은 단순히 멈추는 것이 아니라, 우리의 깊은 내면과 마주하며 진정한 나 자신을 발견하는 과정이다.

하나님 됨을 아는 것은 단순히 머리로 이해하고 동의하는 것을 넘어서는 체험이다. 아침 이슬처럼 내리는 이 체험은 우리의 존재 전체를 적시는 경험적 앎이다. 하나님께서 우리의 모든 일들 속에 함께하셔서 주관하고 계시다는 믿음의 인식이 일어나며, 우리는 작은 들꽃도 입히시고 먹이시는 하나님의 일하심을 믿음으로 알고 고백하게 된다.

우리가 열심히 일을 해서 돈을 벌고, 삶을 독립적으로 통제한다고 생각하는 조건화된 자아가 있지만, 깊은 고요 속에 있을 때 다른 차원의 진리가 열린다. 하늘이 맑아지듯 하나님께서 모든 것들 가운데 함께하셔서 주관하시고 나를 도우시며 그 속에서 일하고 계신다는 믿음의 고백과 인식이 생긴다. 이로 인해 우리는 시편 기자처럼 하나님을 이 땅과 우주 만물 가운데 함께하시고 일하시는 분으로 더욱 높이고 찬양하며 감사할 수 있다.

이러한 깊은 인식은 자연스럽게 우리를 겸손하게 한다. 우리가 하는 것이 아니라, 내 안에 계신 그리스도께서 하신다는 고백을 하게 되며, 우리가 잘나서 지금 하고 있는 일을 하는 것이 아니라, 하나님의 값없이 주시는 은혜로 여기에 이르게 되었음을 고백하게 된다. 하나님에 대한 이러한 인식이 깊어질수록, 우리는 더욱 하나님을 신뢰하게 되고, 하나님과의 깊은 하나 됨에서 오는 친밀함, 감사, 경외의 마음을 가지게 된다.

이러한 앎은 내면의 중심으로 들어갈 때, 겉층에서 일어나는 모든 것들을 있는 그대로 바라보며 흘려보낼 때 비로소 일어난다. 예수님께서도 정기적으로 한적한 곳으로 물러가셨던 것처럼, 우리에게도 정기적인 침묵의 시간이 필요하다. 그 침묵에서 얻은 마음은 활동 중에서도 우리를 지탱하는 힘이 된다.

정중동(靜中動)의 상태에서 하나님 됨을 아는 능력과 모든 것들 속에서 일하시는 하나님의 현존과 함께할 수 있는 힘이 주어진다. 우리의 고요한 마음은 하나님의 현존을 더욱 선명하게 담아낸다. 이러한 침묵의 실천은 단순한 영적 훈련이 아닌, 하나님과의 관계를 더욱 깊게 하는 본질적 여정이다. 이를 통해 우리는 진정한 하나님 됨을 알게 되고, 그 앎은 우리의 전인격적 변화로 이어진다. 이러한 실천을 통해 우리는 하나님의 임재를 더욱 깊이 경험하며, 진정한 하나님 됨을 알아 가는 여정을 계속할 수 있다.

골방에서 시작되는 내면의 여정(마 6:6)

　마태복음 6장 6절에서 예수님은 "너는 기도할 때에 네 골방에 들어가 문을 닫고 은밀한 중에 계신 네 아버지께 기도하라"고 말씀하셨다. 마치 친한 친구와 이야기하기 위해 조용한 카페 구석자리를 찾듯이, 예수님은 우리가 하나님과 깊은 대화를 나눌 수 있는 특별한 장소로 우리를 초대하신다. 이 '골방'은 단순한 물리적 공간이 아니라, 우리 마음 깊은 곳에 있는 하나님과의 만남의 장소다.

　골방으로 들어간다는 것은 마치 번잡한 거리에서 조용한 정원으로 들어서는 것과 같다. 밖의 소음과 함께 우리 마음의 소란까지도 잠잠해진다. 문을 닫는다는 것은, 스마트폰을 무음 모드로 전환하고 알림을 끄는 것처럼 세상의 모든 요구와 기대로부터 잠시 벗어나는 것이다. 이곳에서 우리는 업무 이메일도, 해야 할 일들의 목록도 잠시 내려놓는다. 마치 따뜻한 봄날, 산책길에서 잠시 멈춰 서서 깊은 숨을 들이마시듯, 하나님과 단 둘이 있는 시간을 가진다.

골방기도와 센터링 침묵기도의 깊은 만남

예수님의 골방기도 가르침은 오늘날 센터링 침묵기도의 본질을 보여준다. 마치 시끄러운 도시에서 고요한 산사의 봉우리에 오르듯, 골방은 우리를 외적, 내적 소음으로부터 하나님 현존의 중심으로 이끈다. 이는 단순한 물리적 고립이 아니라, 우리의 존재 중심에서 하나님을 만나는 영적 여정이다.

골방에서의 시간은 서로 연결된 세 가지 중요한 움직임을 담고 있다. 첫째는 '들어감'이다. 마치 동굴 속으로 천천히 걸어 들어가듯, 우리의 외적 감각에서 내면의 중심으로 들어간다. 둘째는 '머무름'이다. 고요 속에서 하나님의 현존을 느끼며 우리의 마음이 잠잠해진다. 셋째는 '열림'이다. 이 고요 속에서 우리는 하나님의 음성에 귀 기울이고, 그분의 인도하심에 마음을 연다.

침묵 속에서 일어나는 변화

센터링 침묵기도 속에서 우리는 점진적이지만 근본적인 변화를 경험하게 된다.

① 마음의 정화: 처음에는 수많은 생각과 감정이 물결처럼 일어난다. 우리가 의식하지 못했던 걱정들, 숨겨 둔 상처들, 해결되지 않은 갈등들이 수면 위로 떠오른다. 하지만 이 과정은 꼭 필요하다. 오랫동안 쌓인 걱정, 불안, 분노가 하나님 앞에서 잠잠해지고, 마음이 맑아

지는 것을 경험한다.
② 깊어지는 알아차림: 시간이 지날수록 알아차림이 더 섬세해진다. 우리의 내면은 점차 선명해지며, 미세한 움직임도 느낄 수 있게 된다. 하나님의 섬세한 인도하심, 작은 속삭임도 듣게 된다. 이전에는 스쳐 지나갔던 일상의 작은 순간들 속에서도 하나님의 손길을 발견하게 된다.
③ 중심의 이동: 가장 중요한 변화는 우리 삶의 중심이 이동하는 것이다. 표면적인 활동과 성과에서 하나님과의 관계로, 외적인 인정에서 내적인 평화로 중심이 옮겨 간다. 우리의 존재는 하나님 안에 단단히 자리 잡게 된다. 이는 단순한 감정의 변화가 아닌, 존재의 중심이 하나님께로 이동하는 것이다.

일상으로 흘러가는 은혜

골방에서의 센터링 침묵기도는 고립된 경험이 아니다. 마치 산꼭대기에서 시작된 작은 물줄기가 계곡을 따라 흘러내리듯, 이 경험은 우리의 일상 전체로 흘러간다.

① 관계의 변화: 우리는 더 깊은 경청과 공감으로 타인을 대하게 된다. 하나님 앞에서 경험한 수용과 사랑이 다른 이들을 향한 너그러움과 이해로 이어진다. 내면의 고요함이 깊어질수록 타인의 말 속에 담긴 깊은 의미도 더 잘 알아차리게 된다. 갈등 상황에서도 즉각적인 반응 대신, 잠시 멈추어 상황을 바라보는 여유가 생긴다.

② 일상의 성화: 반복되는 일상도 달라진다. 설거지를 할 때도, 운전을 할 때도, 업무를 할 때도 하나님의 현존을 느끼며 살아가게 된다. 마치 호흡이 자연스럽듯, 하나님과의 교제가 일상의 리듬이 된다. 매 순간이 기도가 되고, 모든 장소가 성소가 된다. 분주한 일상 속에서도 마음의 중심은 고요히 하나님을 향해 있게 된다.

③ 내적 자유: 점차 우리는 환경과 상황에 덜 흔들리게 된다. 외부의 소음과 혼란 속에서도 내면의 고요를 지킬 수 있게 된다. 이는 현실 도피가 아닌, 더 깊은 현실 참여로 이어진다. 마치 폭풍 속에서도 중심을 잃지 않는 나무처럼, 삶의 도전 앞에서도 흔들리지 않는 안정감을 경험한다.

더 깊은 여정으로의 초대

골방에서의 센터링 침묵기도는 단순한 종교적 실천이나 자기계발 기술이 아니다. 이는 하나님과의 더 깊은 관계로 들어가는 거룩한 초대다. 때로는 건조함도, 지루함도 찾아올 수 있다. 어떤 날은 마음이 산만하여 집중하기 어려울 수도 있다. 그러나 이 모든 것이 여정의 일부다. 사막의 우물처럼, 이 고요한 시간은 우리의 영혼을 살리는 생명수가 된다.

하나님은 이 골방에서 우리를 기다리신다. 그분과의 친밀한 만남은 우리를 조금씩 변화시키고, 그 변화는 삶의 모든 영역으로 스며든다. 이것이 바로 예수님께서 우리를 골방으로 초대하신 이유다. 그곳에서 우리는 진정한 자아를 발견하고, 하나님과의 더 깊은 연합을 경험하며, 그 사랑이 자연스럽게 세상으로 흘러가게 된다.

이 골방기도는 끝이 아닌 시작이며, 도착점이 아닌 출발점이다. 매일 새롭게 시작되는 이 여정에서, 우리는 점점 더 깊이 하나님의 현존을 알아 가고, 그분의 사랑 안에 뿌리내리게 된다. 이것이 예수님께서 말씀하신 골방기도의 본질이며, 오늘날 우리가 실천하는 센터링 침묵기도의 깊은 의미다.

관상기도:
하나님의 현존 안에서의 깊은 쉼과 회복

깊어 가는 새벽, 고요한 방 안에서 우리는 때로 말로 표현할 수 없는 하나님의 임재를 경험한다. 이 순간 우리는 하나님과의 깊은 만남을 통해 우리의 전 존재를 그분께 열어 드린다. 이는 단순한 교제를 넘어 우리의 이성과 감정, 의지를 초월하여 존재의 차원에서 하나님과 하나 되는 경험이다.

관상(觀想)은 하나님의 형상을 깊이 바라보며 그분과 함께 머무는 상태를 의미한다. 이는 라틴어 'Contemplatio'에 깊이 새겨져 있는데, 'templum'(거룩한 공간)과 'con-'(~와 함께)이 결합된 이 단어는 하나님의 현존과 함께하는 거룩한 상태를 뜻한다. 성 어거스틴(Saint Augustine)이 "진리에 대한 기쁨과 놀라움에 찬 응시"라고 표현한 것처럼, 이는 하나님과의 깊은 교감 속에서 발견되는 경탄의 상태다.

관상기도는 때로 우리의 규칙적인 기도 생활 가운데 자연스럽게 찾아오기도 하지만, 욥의 경우처럼 전적인 하나님의 은혜로 예기치 않게 주어지기도 한다. 욥은 긴 고난과 논쟁의 시간을 지나, 마침내 모든 것을 내려놓고 전능하신 하나님을 만났을 때 그 신비를 온전히 경험했다. "내가 주께 대하여 귀로 듣기만 하였사오나 이제는 눈으로 주를 뵈옵나이다"(욥

42:5)라는 그의 고백은 관상의 본질을 생생하게 보여 준다.

관상기도는 우리의 생각과 마음, 인지 기능을 넘어서는 신비의 기도다. 이는 신비를 외면하는 것이 아니라, 오히려 그 신비 속에 깊이 잠겨 하나님과의 깊은 만남을 누리는 것이다. 초대교회의 교부 그레고리가 말한 것처럼, 이는 하나님 안에서의 완전한 쉼이며, 그분의 신비로운 현존 속으로 들어가는 여정이다.

결국 관상기도는 우리를 하나님과의 깊은 연합으로 인도하는 은혜의 통로다. 모든 것을 내려놓고 하나님의 현존 속에 고요히 머무를 때, 우리는 그분의 신비와 사랑 안에서 참된 쉼과 회복을 발견하게 된다. 이것이 바로 관상기도가 우리에게 열어 주는 거룩한 초대다.

기도의 여정:
하나님과의 관계를 깊게 하기

관상기도는 하나님과의 깊은 친밀감의 정점에 있는 기도다. 그러나 이러한 친밀감은 하루아침에 이루어지는 것이 아니다. 이는 마치 인간관계가 발전하듯 단계적 성장을 통해 깊어지는 여정이다.

① 첫 대면과 구송기도(Acquaintanceship - Vocal Prayer)
　처음 만나는 사람과의 관계처럼 형식적인 단계다. 파티에서 서로의 직업이나 취미를 이야기하듯, 하나님과의 첫 대면은 기도를 배우는 초기 단계와 유사하다. 주일학교에서의 짧은 기도나 식사 전 감사기도가 여기에 해당하며, 이를 통해 하나님과의 관계가 시작된다. 어린아이가 부모님을 따라 처음 "하나님, 감사합니다"라고 기도하는 순간이나, 주기도문을 배워 가는 과정이 대표적인 예시다.

② 친근감과 성찰기도(Friendliness - Reflective Prayer)
　시간이 흐르면서 대화가 자연스러워지고, 서로의 일상과 감정을 나누게 된다. 성찰기도를 통해 정기적으로 하나님께 생각과 감정을 나누며 관계를 깊게 한다. 하루를 돌아보며 자신의 부족함과 기쁨을 하나님께 솔직히 이야기하거나, 성경 말씀을 묵상하며 삶에 적용

하는 과정을 통해 하나님께 더 가까이 나아간다.

③ 우정과 응답기도(Friendship - Responsive Prayer)

우정이 깊어지면서 더 개인적이고 깊은 이야기를 나누게 된다. 응답기도를 통해 하나님께 감정과 고민을 솔직히 드러내며, 신뢰와 사랑이 커진다. 일상의 어려움을 하나님께 털어놓고 인도하심을 구하거나, 감사의 마음을 나누며 더욱 깊은 관계로 나아간다. 출근길의 걱정을 즉시 기도로 아뢰거나, 기쁜 소식에 감사기도를 드리는 것처럼 자연스러운 대화가 이어진다.

④ 친밀감과 관상기도(Intimacy - Contemplative Prayer)

진실한 신뢰와 이해를 바탕으로 친밀감이 형성되면, 언어를 초월한 깊은 연합으로 나아간다. 관상기도는 이러한 친밀감이 머무는 자리로, 침묵 속에서 하나님의 현존을 체험하고 하나 됨을 경험하는 기도다. 새벽예배 후 예배당에 홀로 남아 고요히 앉아 있을 때 느끼는 깊은 평안이나, 산책길에서 문득 찾아오는 하나님의 임재가 이러한 예가 될 수 있다.

이러한 기도의 단계들은 명확히 구분되지 않으며, 때로는 중첩되기도 하고 서로 보완하기도 하면서 더 깊은 관계로 나아간다. 토마스 키팅이 강조했듯이, 기도는 하나님과의 친밀한 하나 됨을 향한 여정이다. 특히 관상기도는 이 여정의 완성이자 정점으로서, 제한된 언어와 개념을 뛰어넘어 하나님과의 깊은 연합을 이루게 한다. 마치 오랜 세월을 함께한 부부가 말없이도 서로를 깊이 이해하고 교감하듯, 침묵 속 만남은 하나님과의 관계를 더욱 온전하게 만든다.

이 여정은 단순한 영적 체험에 그치지 않고 전인격적 변화로 이어진다. 하나님과의 깊어지는 관계는 자연스럽게 그분의 뜻을 따르는 삶으로 이어진다. 마치 깊은 우물을 파며 생수의 근원에 가까이 가듯, 이 과정에서 우리는 성령의 열매를 맺으며 하나님의 현존 안에서 참된 쉼과 회복을 경험하게 된다.

결국 관상기도는 이 모든 여정의 완성이다. 단순한 기도 방법이나 기술을 넘어, 우리의 언어와 개념, 그리고 모든 인식의 한계를 초월하여 하나님과의 깊은 연합이라는 기도의 궁극적 목표를 성취하게 한다. 이를 통해 우리는 하나님의 임재 앞에 겸손히 머무는 법을 배우며, 그분의 측량할 수 없는 사랑과 은혜를 더욱 깊이 체험하게 된다.

렉시오 디비나와 센터링 침묵기도

렉시오 디비나는 하나님께 마음을 열고 깊은 교제로 들어가는 기도 방법이다. 말씀 묵상을 통해 하나님의 뜻을 깨닫고 이를 구체적 행동으로 옮기는 단순한 적용을 넘어 하나님 앞에 머무르며 말씀 안에서 친밀한 관계를 깊게 만든다. 이를 통해 내면에 깊은 변화가 일어나고, 우리는 하나님과의 교제 속에서 자유와 평안을 경험하게 된다.

렉시오 디비나와 센터링 침묵기도는 서로를 보완하며 하나님과의 관계를 더 깊은 차원으로 이끈다. 렉시오 디비나는 말씀을 통한 영적 통찰과 변화를, 센터링 침묵기도는 하나님의 현존 안에서 참된 쉼과 교제를 가능하게 한다.

렉시오 디비나는 다음 네 단계로 이루어진다.

① 독서(Lectio): 하나님의 말씀을 열린 마음으로 받아들이며, 하나님의 음성을 듣기 위해 준비한다.
② 묵상(Meditatio): 말씀을 반복적으로 깊이 새기며 그 의미를 탐구한다. 이 과정에서 말씀이 우리 내면에 깊이 스며든다.
③ 기도(Oratio): 묵상한 말씀을 삶으로 받아들이고, 이를 통해 우리 안

에 하나님의 뜻이 드러나게 된다.
④ 관상(Contemplatio): 말씀이 우리의 존재를 변화시켜 그리스도의 모습을 드러내게 한다.

말씀과 침묵 안에 머무는 기도를 이어 가다 보면, 우리의 태도와 동기, 자아는 점차 변화된다. 한 주에 여러 번 모여 드리는 센터링 침묵기도와 렉시오 디비나, 그리고 개인 묵상을 통해 말씀은 새롭게 적용되고 동기는 순수하게 정화된다. 이러한 과정에서 우리는 하나님 안에서 참된 자아를 발견하고, 그 사랑은 자연스럽게 세상으로 흘러나간다.

정기적인 기도 모임에서는 먼저 침묵 속에서 하나님의 현존을 체험하고, 이어서 함께 말씀을 깊이 묵상한다. 공동체와 함께할 때 혼자서는 얻기 어려운 깊이 있는 통찰과 은혜가 자연스럽게 흘러나온다. 더욱 놀라운 것은 이렇게 함께 경험한 깊이가 개인 묵상 시간에도 이어진다는 점이다. 공동체에서 맛본 침묵과 말씀의 깊이는 홀로 렉시오 디비나를 실천할 때도 자연스럽게 떠오르며 우리를 더 깊은 차원으로 인도한다.

이 두 기도는 하나님과의 관계를 더욱 깊고 친밀하게 만든다. 정기적인 모임의 센터링 침묵기도는 마음을 열어 하나님의 현존을 깊이 체험하게 하고, 이어지는 렉시오 디비나는 말씀을 통해 그 만남을 더 깊은 차원으로 확장한다. 공동체 기도에서 얻은 통찰이 개인 묵상을 통해 깊어지고, 이는 다시 공동체 기도의 깊이를 더하는 선순환을 이룬다. 그 결과 우리의 삶은 하나님을 찬양하는 예배가 된다.

이러한 여정 속에서 우리는 하나님의 말씀과 현존 안에서 참된 자유와 평안을 경험하며, 일상에서 하나님과의 관계를 더욱 깊이 누리게 된다.

하나님의 나라 체험하기

Q: 기도하다 보면 때로는 말이나 행동이 필요 없는 상태가 됩니다. 이것이 하나님 나라에서의 모습일까요?

A: 정말 의미 있는 경험을 하고 계시네요. 센터링 침묵기도에서 이런 순간들은 특별한 선물과도 같습니다.

한 목회자는 이렇게 표현했습니다. "그 순간은 마치 시간이 멈춘 것 같았어요. 말이 필요 없었고, 그저 '있는 것' 자체로 충만했죠. 나중에 깨달은 건데, 이것이 바로 하나님 나라의 평화를 맛보는 순간이 아니었나 싶어요."

이런 경험은 우리에게 언어를 넘어선 깊은 교제가 가능하다는 걸 보여주며, 이는 분명 하나님 나라의 예표가 될 수 있습니다. 센터링 침묵기도를 통해 우리는 잠시나마 하나님 나라의 고요함과 평화, 그리고 충만함을 맛보게 되죠. 이런 순간에는 모든 걱정과 불안이 사라지고, 그저 하나님의 현존 안에 머무는 것만으로도 충분합니다. 하지만 이 경험 자체를 목표로 삼기보다는, 이런 순간들이 자연스럽게 일상의 변화로 이어지도록 하는 게 좋습니다.

무념과 깨어 있음의 조화

Q: 생각을 흘려보낸 후의 상태가 '무념무상'인가요? 이런 상태를 추구해야 하나요?

A: 센터링 침묵기도의 목적은 '무념무상'이나 완전한 빈 마음을 만드는

것이 아닙니다. 오히려 하나님의 현존 안에서 깨어 있는 상태를 경험하는 것입니다.

한 사모의 통찰이 떠오릅니다. "처음에는 아무 생각도 없는 상태를 만들려고 애썼어요. 그런데 그게 아니더라고요. 중요한 건 생각이 없는 게 아니라, 하나님께 열려 있는 마음이었어요. 마치 햇빛을 받는 꽃처럼요."

이 기도에서는 생각이 없는 상태를 만드는 것이 아니라, 하나님의 현존 앞에 깨어서 머무는 것이 핵심입니다. 마치 따스한 햇볕 아래 그저 앉아 있는 것처럼, 하나님의 현존 앞에 고요히 머무는 것입니다. 생각이 오가는 것을 억누르지 않고, 그저 부드럽게 하나님께로 돌아오면 됩니다. 이런 깨어 있음이 바로 이 기도의 본질입니다.

영적 여정의 지속성

Q: 매일 이 기도를 실천하면, 장기적으로 어떤 변화를 기대할 수 있을까요?

A: 영적 여정에서 가장 아름다운 것 중 하나는 우리가 예상하지 못한 방식으로 하나님이 일하신다는 것입니다.

한 목자의 1년간의 여정은 이런 모습이었습니다. "처음에는 큰 변화를 기대했어요. 하지만 실제로 일어난 변화는 아주 섬세하고 일상적이었죠. 가족들과 대화할 때 더 많이 듣게 되고, 급한 일이 생겨도 덜 흔들리게 되고… 어느 날 문득 보니 제 안에 잔잔한 평화가 자리 잡고 있더라고요."

이 기도를 통해 우리는 더 깊이 듣고 이해하게 되며, 갈등 상황에서도 평화롭게 대응할 수 있게 됩니다. 내면에는 깊은 평안과 감사가 자라나고, 말씀을 대하는 깊이도 달라집니다. 무엇보다 일상의 순간순간에서 하나님을 발견하는 기쁨을 누리게 됩니다. 이런 변화들은 우리가 의도적으로 만들어 내는 것이 아니라, 하나님과의 꾸준한 만남을 통해 자연스럽게 맺히는 열매입니다.

마무리

　센터링 침묵기도에 대한 우리의 진솔한 질문들을 통해 발견되는 공통된 열망은 "이 기도를 올바르게 하고 싶다"는 마음이다. 많은 이들이 "이렇게 하는 것이 맞는지 모르겠다"는 걱정을 한다. 이는 하나님과의 관계를 얼마나 진지하게 추구하는지를 보여 주는 것이기도 하다.
　그러나 이 기도의 본질은 '올바른 방법'을 찾는 것이 아니라 '관계'에 있다. 소중한 사람과의 관계에서처럼, 하나님과의 관계도 때로는 깊은 감동이 있는가 하면 때로는 밋밋할 수 있다. 어떤 날은 가슴이 벅차오르고, 어떤 날은 건조할 수도 있다. 하지만 관계의 가치가 이런 감정의 변화에 좌우되지 않듯이, 기도도 그날의 감정이나 수행의 결과를 넘어서는 것이다.
　이 기도의 핵심은 단순하다. 지금 이 순간 함께하시는 하나님께 마음의 문을 여는 것이다. 다양한 생각들이 떠오를 때, 그것들과 싸우거나 집착하지 않고 감정적으로 휘둘리지도 않으면서, 그저 부드럽게 거룩한 단어로 돌아가면 된다. 이렇게 할 때, 시간은 자연스럽게 흐르고 관계는 저절로 깊어지며, 하나님을 향한 영적 감각도 점점 더 풍성해진다.
　특별히 기억할 것은, 이 기도에는 '완벽한 방법'이나 '반드시 도달해야 할 상태'가 없다는 점이다. 중요한 것은 하나님을 향한 진실한 의도와 그분의 이끄심을 신뢰하는 마음이다. 한 걸음 한 걸음 나아가다 보면, 어느새 이 기도가 삶에 깊이 스며들어 있음을 발견하게 될 것이다.

　이러한 기도의 여정은 결국 더 근원적인 질문으로 우리를 이끈다. "나는 누구인가?" 다음 장에서는 이 물음을 중심으로, 에고의 틀을 벗어나 하나님 안에서 참된 나를 발견해 가는 여정을 함께 나누고자 한다. 이는 단순한 자기 발견이 아닌, 하나님의 은총 안에서 우리의 진정한 정체성을 찾아가는 거룩한 모험이 될 것이다.

제3장

진정한 나를 찾는 여정: 영적 통찰

진정한 자아를 찾는 것은
무언가를 더하는 것이 아니라,
우리를 가리고 있던 것들이 벗겨지는 것이다.
우리는 이미
하나님의 형상대로 지음받은 존재이기 때문이다.
- 리처드 로어(Richard Rohr)

압바 푀멘이 압바 요셉에게 말했다.
"수도승이 되려면 어떻게 해야 하지요?"
압바 요셉이 대답했다.
"만일 당신이 현세에서도, 내세에서도 평안을 얻으려면
매사에 '나는 누구인가?' 하고 물으십시오.
그리고 아무도 판단하지 마십시오."
- 사막 교부/교모들의 잠언

존재의 근원적 물음:
나는 누구인가?

우리는 모두 자신에게 묻는다. "나는 누구인가?" 이 질문은 단순히 나의 강점과 약점을 알아 가는 수준을 넘어, 나를 형성한 상처와 경험들 속에서 내면의 진정한 나를 찾아가는 여정을 열어 준다. 그러나 이 여정은 쉽지 않다. 우리의 자아는 부모, 가족, 그리고 사회적 경험 속에서 형성된 틀 안에 갇혀 있으며, 때로는 상처받고 왜곡되어 우리를 제한하기도 한다. 이 틀이 바로 우리가 '에고'(Ego)라고 부르는 것, 즉 자신을 보호하기 위해 형성된 껍질이다.

에고는 우리를 안전하게 지키는 기능을 하지만, 동시에 하나님의 형상으로 지어진 참자아(True Self)를 가리는 장애물이 되기도 한다. 참자아는 우리의 존재 가장 깊은 곳에서 하나님과 연결되어 있는 근본적인 나의 모습이다. 참자아는 우리의 삶의 방향과 의미를 발견하게 하며, 진정한 자유를 경험할 수 있는 열쇠를 제공한다.

우리는 종종 에고가 만들어 낸 거짓 자아에 속아 자신을 정의한다. 안전, 애정, 통제라는 근본적 욕구에 기반한 에고는 외부 환경과 상황에 따라 끊임없이 흔들리며, 우리를 참된 나로부터 멀어지게 만든다. 어릴 때 형성된 욕구와 상처들은 우리가 삶을 바라보는 방식을 왜곡시키고, 무의식적으로 현재에 반응하게 만든다. 이로 인해 우리는 종종 자신을 온전히 이해하지 못하고, 무언가 채워지지 못한 결핍감 속에서 갈등과 혼란을 경험한다.

"나는 누구인가?"라는 질문은 단순한 지식적 탐구를 넘어선 영적 여정으로 우리를 초대한다. 이 여정은 단순히 나를 분석하고 이해하는 데서 끝나지 않고, 하나님의 은총 속에서 나를 새롭게 발견하고 참자아로 나아가는 길이다. MBTI가 우리의 성격적 선호와 경향성을 이해하게 하는 것처럼, 애니어그램은 우리의 무의식적 동기와 욕구를 깊이 탐구하게 하며 참자아를 향해 나아가도록 돕는 영적 여정의 도구가 된다.

그러나 이러한 도구들은 여정의 시작점일 뿐이다. 진정한 자기 발견과 변화는 하나님과의 깊은 만남을 통해 이루어진다. 관상기도와 센터링 침묵기도 같은 수련은 애니어그램을 통해 발견한 우리의 고착된 패턴과 방어기제를 하나님의 은혜 안에서 바라보고 내려놓을 수 있게 한다. 이러한 침묵 속에서 우리는 에고의 소리에 더 이상 지배받지 않고, 하나님께서 초대하시는 더 큰 사랑과 자유의 자리로 나아갈 수 있다.

욕구 충족을 넘어서:
하나님과의 깊은 관계로

　인간의 기본적인 세 가지 욕구, 즉 안전, 애정, 통제는 우리의 자아 발달에 중요한 역할을 한다. 심리학자 알프레드 아들러(Alfred Adler)와 아브라함 매슬로우(Abraham Maslow)는 이러한 욕구들이 자아의 건강한 발달에 필수적이라고 설명했다. 매슬로우는 이 욕구들을 생리적 욕구와 자아 실현 욕구 사이의 중간 단계로 보고, 이것들이 자아 성장과 자아 실현에 중요한 역할을 한다고 했다.

　먼저, 안전(Safety)에 대한 욕구는 신체적이고 심리적인 위험으로부터 보호받고자 하는 기본적인 필요다. 어렸을 때 부모나 보호자와의 안정된 관계에서 느끼는 안전감이 그 예다. 우리가 어린 시절에 경험한 안전한 환경은 성인이 되어서도 지속적인 영향을 미친다.

　다음으로, 애정(Love)에 대한 욕구는 타인과의 관계에서 사랑과 애정을 받으려는 욕구다. 이는 우리가 소속감을 느끼고 가치감을 얻는 데 중요한 요소다. 다른 사람이 나를 있는 그대로 사랑하고 받아들일 때, 우리는 더 건강한 자아를 형성할 수 있다.

　세 번째는 통제(Control)에 대한 욕구다. 인간은 자신의 삶을 스스로 통제하고 싶어하며, 이는 자아 효능감과 자존감을 높이는 데 필수적이다.

자신의 선택과 행동에 대한 통제감은 자립적이고 건강한 사람으로 성장하는 데 중요하다.

토마스 키팅은 이러한 기본 욕구들이 어떻게 우리의 "행복을 위한 정서적 프로그램"(Emotional Program for Happiness)을 형성하는지 깊이 있게 분석했다. 이 프로그램은 어린 시절부터 형성된 안전, 애정, 통제에 대한 근본적인 욕구 패턴을 의미한다.

예를 들어, 어린 시절 부모의 관심을 받기 위해 좋은 성적을 내야 했던 아이는 성인이 되어서도 무의식적으로 "인정받아야 행복하다"는 프로그램을 가지게 된다. 또 다른 이는 가정의 경제적 불안정을 경험하며 "안전하려면 많은 것을 소유해야 한다"는 프로그램을 형성한다. 이러한 프로그램들은 우리가 의식하지 못하는 사이에 우리의 선택과 반응을 지배한다.

문제는 이러한 정서적 프로그램과의 과도한 동일시가 오히려 참된 행복과 영성생활의 장애물이 된다는 점이다. 우리는 끊임없이 이 프로그램들을 충족시키려 애쓰지만, 그 욕구는 결코 완전히 채워지지 않는다. 마치 밑 빠진 독에 물을 붓는 것과 같다.

키팅은 센터링 침묵기도를 통해 우리가 이러한 정서적 프로그램을 인식하고 점차 초월할 때, 참자아와 만나게 되고 하나님과의 친밀한 관계가 가능해진다고 보았다. 침묵기도 중에 떠오르는 불안, 분노, 욕구들은 바로 이러한 프로그램들이 도전받을 때 나타나는 반응이다. 하지만 이를 거룩한 단어로 부드럽게 흘려보낼 때, 우리는 그 프로그램들에서 조금씩 자유로워진다.

이러한 욕구들은 인간으로서 우리의 행복과 건강에 필수적이지만, 모든 부모가 아이의 욕구를 완벽하게 충족해 줄 수는 없는 것이 현실이다.

우리는 이러한 욕구를 충족시키기 위해 다양한 활동과 반응을 하면서 살아가는데, 이것이 바로 행복을 추구하는 과정의 기본이 된다.

그러나 삶을 살다 보면 어느 순간, 이러한 기본적인 욕구를 넘어서는 더 깊은 갈망이 있다는 것을 깨닫게 된다. 단순히 욕구를 채우는 것으로는 만족되지 않는 무언가가 우리를 초대한다. 기독교 신앙 안에서는 이러한 갈망이 하나님과의 관계로 향하는 시작점이 된다.

믿음의 초기에는 하나님을 통해 자신의 욕구를 채우려는 모습이 자연스럽게 나타난다. 건강, 안정, 관계 등 현실적 필요를 채우기 위해 하나님께 간구하는 것이다. 이러한 욕구 자체는 잘못된 것이 아니지만, 이것이 신앙의 중심이 되면 하나님과의 관계가 단순히 '행복 프로그램'을 강화하는 도구로 변질될 수 있다.

이러한 표면적 신앙은 겉으로는 종교적 열심과 헌신으로 보일 수 있으나, 그 본질은 여전히 자아의 욕구 충족에 머물러 있다. 이는 마치 깊은 바닷속을 탐험하지 않고 표면만 스치듯 지나가는 것과 같다. 이러한 표층적 신앙은 개인적으로는 반복되는 공허함과 좌절감으로, 공동체적으로는 갈등과 분열로 이어질 수 있다. 이는 결과적으로 신앙 공동체 내부의 실망과 외부의 부정적 인식을 초래하게 된다.

그러나 하나님과의 관계가 깊어질수록, 우리는 단순한 욕구 충족을 넘어 새로운 차원의 자아를 경험하게 된다. 이는 하나님의 현존을 깊이 체험하며 진정한 자유와 사랑으로 나아가는 여정이다.

치유의 은총:
하나님 앞에서의 정화

하나님과의 깊은 관계 속에서 우리는 내면의 에고와 욕구가 드러나는 과정을 경험한다. 특히 인생의 위기와 갈등 속에서 하나님은 우리의 에고가 만든 동기와 행복 프로그램을 정화하신다. 이 과정은 때로 고통스럽지만, 하나님이 우리를 새롭게 하시는 은혜의 시간이 된다.

관상기도, 특히 센터링 침묵기도는 이 과정에서 핵심적 역할을 한다. 이 기도는 우리가 하나님께 자신을 온전히 내어 드리는 시간이며, 스스로의 힘으로 문제를 해결하려는 집착에서 벗어나 하나님의 일하심을 허용하는 공간이다. 이를 통해 우리의 행복 프로그램과 집착이 느슨해지고, 하나님 앞에 있는 그대로의 참자아를 드러내게 된다.

알코올, 음식, 쇼핑, 관계, 일 등에 중독 성향이 있는 사람들은 반복된 실패 속에서 좌절하기 쉽다. 이러한 문제의 극복은 자신의 힘만으로는 변화할 수 없다는 깨달음에서 시작된다. 알코올 중독자 모임(AA)의 열두 단계가 첫 단계에 이러한 고백을 담고 있는 것도 이 때문이다. 이는 내 힘이 아닌 더 큰 힘, 즉 하나님께 도움을 구하고 의지하는 태도를 배우는 과정이다.

센터링 침묵기도는 이러한 원리를 담고 있다. 우리가 스스로를 변화시키려는 시도를 멈추고 하나님의 일하심을 받아들일 때, 하나님은 우리 안에 깊이 자리 잡은 에고와 행복 프로그램을 점진적으로 치유하신다. 이는 하나님께서 우리의 내면을 새롭게 빚어 가시는 은혜의 시간이다.

하나님은 우리를 행복 프로그램을 넘어서는 더 깊고 넓은 삶으로 초대하신다. 관상기도와 같은 영적 수련은 이 여정의 중심이 된다. 센터링 침묵기도와 렉시오 디비나 같은 영적 수행은 우리를 하나님의 현존으로 이끌며, 마음 깊은 곳의 욕구를 하나님의 사랑으로 대체한다.

이 여정은 외적 변화를 넘어 내면 깊은 곳에서 참된 자아를 발견하고, 하나님 안에서 자유와 사랑을 경험하게 한다. 하나님과의 관계가 깊어질수록 우리는 욕구의 속박에서 벗어나 하나님의 음성을 들으며 살아가는 자유를 누린다. 이는 우리를 점점 더 하나님과 하나 되는 자리로 이끌며, 이러한 초대에 응답할 때 우리의 삶은 하나님의 사랑과 은혜로 새로워진다.

침묵의 지혜:
알리피우스 신부의 가르침

마틴 레어드는 『침묵 수업』(Into the Silent Land, 199-209쪽)에서 알리피우스 신부와 젊은이의 대화를 통해 관상기도의 본질을 설명한다.

"자네는 누구인가?"

이 단순한 질문으로 시작된 알리피우스 신부와 젊은이의 대화는 우리가 자주 놓치는 심오한 진리를 담고 있다. 젊은이가 자신의 이야기를 늘어놓자, 알리피우스 신부는 고개를 저으며 말했다. "아니네, 자네가 말한 것은 자네가 입고 있는 옷에 관한 것일세. 자네가 누구인지 모르는 것이 문제일세. 자네는 빛이신 하나님의 한 줄기 광선이네."

젊은이는 처음에 '우스운 사람이군'이라고 생각했지만, 점차 더 깊은 진리에 이끌렸다. 알리피우스 신부는 이어 말했다. "한 줄기 빛은 태양을 찾지 않아. 그것은 태양에서 저절로 나오는 것이니까. 자네는 또한 포도나무이신 하나님의 가지일세. 가지는 포도나무를 찾지 않아. 그것은 이미 포도나무의 일부니까."

"시편의 시인이 '너희는 가만히 있어 내가 하나님 됨을 알지어다'라고 말하는 의미를 깨닫기 전에 자네는 침묵을 배워야 하네." 이 말씀은 우리를 더 깊은 침묵의 세계로 인도한다.

수 있는 거룩한 공간을 제공한다. 생각과 감정을 정리하는 것이 목적이 아니라, 어떤 것이든 그것을 알아차리고 내려놓는 과정 자체가 하나님께로 나아가는 여정임을 깨닫게 된다. 이러한 이해는 우리로 하여금 다양한 생각들에 대해 집착하거나 좌절하지 않고 그대로 바라볼 수 있는 힘을 준다.

이처럼 반복되는 과정에서 거룩한 단어로 돌아가는 매 순간은 하나님께 더 가까이 다가가는 사랑의 행위가 되며, 이를 통해 우리는 점차 더 깊은 영적 자유를 경험하게 된다.

생각을 이해하고 다루기

센터링 침묵기도에서 '생각'은 포괄적인 의미를 지닌다. 여기에는 신체적 감각, 감각적 통찰, 느낌, 상상, 기억, 계획, 성찰, 개념, 코멘트, 영적 경험 등 모든 지각 활동이 포함된다. 이러한 생각들은 다음과 같이 다섯 가지 유형으로 나눌 수 있다.*

① 상상과 기억

일상적으로 떠도는 상상이나 기억이다. 수로 기노하기 선이나 후에 관련된 일들에 관한 생각이다. 이는 마치 슈퍼마켓의 배경 음악처럼 자연스럽게 흘러가도록 두면 된다.

② 매력이나 혐오감

특정한 감정적 반응을 불러일으키는 생각들이다. 이러한 생각들은 다

---

* 토마스 키팅, 『센터링 침묵기도』, 권희순 옮김(서울: 가톨릭출판사, 2009), 127-136.

양한 느낌을 유발할 수 있지만, 중요한 것은 이에 사로잡혔을 때 자신을 정죄하거나 화를 내지 않는 것이다.

③ 통찰과 깨달음

마음이 고요해질 때 종종 영적 여정에 대한 통찰이나 심리적 깨달음이 찾아온다. '이 깨달음을 꼭 기억해야지'라는 생각이 들 수 있다. 비록 이러한 통찰이 렉시오 디비나와 같은 묵상에서는 중요한 요소가 되지만, 센터링 침묵기도에서는 이러한 생각조차도 잠시 내려놓는다.

이는 우리의 지성과 감성이 만들어 내는 모든 이해와 깨달음이, 비록 좋은 것일지라도, 우리를 현재의 자아 수준에 머물게 할 수 있기 때문이다. 따라서 어떤 통찰이 찾아오면, 그것을 귀한 것으로 인정하면서도 기꺼이 내려놓을 때 우리는 하나님과의 더 깊은 연합 안에서 우리의 본질적인 모습을 만나게 된다.

이는 마치 수면에 이는 잔물결이 잦아들 때 호수의 깊은 본질이 드러나는 것과 같다. 통찰과 깨달음이라는 잔물결이 잦아들 때 우리는 하나님의 현존 안에서 우리의 진정한 모습을 보게 된다. 우리의 참 자아는 하나님과의 친밀한 관계 속에서 발견되기 때문이다.

④ 자기 성찰적 생각

'지금 내가 얼마나 오랫동안 고요히 있었지?', '이 평화로운 상태를 어떻게 유지할 수 있을까?' 같은 생각들이다. 이는 경험을 한 걸음 물러서서 관찰하려는 시도다. 이러한 생각에 머무르면 현재의 경험이 사라지므로, 이 역시 부드럽게 거룩한 단어로 돌아가면 된다.

⑤ 무의식에서 솟아나는 생각과 느낌

하나님께 마음을 열고 머물다 보면, 깊은 무의식 속의 생각과 느낌들이 떠오를 수 있다. 현재의 경험과 무관해 보이는 강렬한 분노, 슬픔, 두려움을 느낄 수 있다. 이는 하나님께서 우리를 정화하고 무의식을 치유하시는 과정의 일부다. 이러한 생각들도 내적 정화를 위한 중요한 과정으로 받아들이되, 다른 생각들을 다룰 때와 마찬가지로 거룩한 단어로 돌아가면 된다.

센터링 침묵기도를 통해 이러한 다양한 생각들을 관찰하면서도 그에 빠지지 않고 계속 거룩한 단어로 돌아올 때, 우리는 생각과 느낌을 넘어선 내면의 깊은 '쉼'을 경험하게 된다. 이는 하나님 안에서의 진정한 안식이다. 생각들은 우리의 존재 중심으로 들어가는 것을 방해하는 보호막 같은 역할을 하지만, 이러한 생각들을 차분히 지켜보면서 계속해서 하나님께로 돌아갈 때 점차 더 깊은 고요함과 평안을 체험하게 된다.

기도를 통해 구체적인 응답과 결과를 얻고자 하는 것은 자연스럽고 당연한 갈망이다. 우리는 기도를 통해 삶의 문제를 해결하고, 하나님의 인도하심을 구하며, 영적인 성장을 이루고자 한다. 이러한 기도의 모습도 귀중하고 필요하나.

그러나 센터링 침묵기도는 우리를 더 깊은 차원으로 초대한다. 이는 모든 결과와 기대를 내려놓고 오직 하나님의 현존 자체에 머무는 기도다. 응답, 통찰, 성장과 같이 우리가 추구하는 모든 좋은 것들을 잠시 내려놓을 때, 우리는 더 깊은 차원의 자유와 평화를 경험하게 된다. 이는 우리가 가진 모든 필요와 기대를 부정하는 것이 아니라, 그것들을 초월하여 더 본질적인 하나님과의 관계로 들어가는 것이다.

이러한 깊은 만남을 통해 우리는 역설적으로 우리가 추구하던 모든 것들을 더 자유롭게 다룰 수 있게 된다. 하나님 안에서 발견한 참 자아는 결과에 집착하지 않으면서도, 필요할 때는 그것들을 자연스럽게 추구할 수 있는 영적 자유를 누리게 된다. 그래서 우리는 어떤 경험이 오더라도 있는 그대로 받아들이고, 그저 하나님의 현존 안에 머무는 것이다. 이것이 결과를 기대하지 않는 기도가 우리에게 가져다주는 더 큰 선물이다.

기도 후 침묵 속에 머무르기

네 번째, 기도를 마칠 때에는 2, 3분간 눈을 감은 채 침묵 속에 머무르십시오.

그룹으로 모여 기도할 때는 진행자가 부드러운 종소리로 시간을 알린다. 혼자 기도할 때도 시끄러운 타이머보다는 은은한 종소리를 사용하는 것이 좋다. 갑작스러운 소리는 깊은 고요함을 방해하고 마음을 불필요하게 자극할 수 있기 때문이다.

기도를 마칠 때 갑자기 눈을 뜨거나 바로 일어나는 것은 바람직하지 않다. 마치 깊은 잠에서 깨어날 때 천천히 일어나듯, 내면의 고요함에서 일상의 의식 상태로 부드럽게 돌아올 수 있도록 충분한 시간을 가져야 한다. 그룹 기도에서는 이 시간을 다양한 방식으로 진행할 수 있다. 예를 들어, 2-3분간의 완전한 침묵을 유지할 수도 있고, 진행자가 천천히 주기도문을 암송하여 참여자들이 그 기도를 들으면서 자연스럽게 침묵에서 나올 수도 있다. 각 그룹의 상황과 필요에 따라 적절한 방식을 선택하면 된다.

이렇게 기도를 마무리하는 시간은 단순한 휴식이 아니라, 기도 중에 경험한 하나님의 현존을 우리의 일상으로 가져오는 중요한 다리 역할을 한다. 이는 향기로운 차를 우려내듯, 하나님의 현존이 우리의 일상 속에 스며들도록 하는 소중한 시간이다. 이런 부드러운 전환을 통해 우리는 기도의 은혜를 더욱 깊이 간직하며 일상으로 돌아갈 수 있다.

센터링 침묵기도의 핵심

지금까지 살펴본 센터링 침묵기도의 네 가지 지침과 방법을 정리해 보자. 센터링 침묵기도의 핵심은 우리 내면의 깊은 곳에서 하나님의 현존과 활동에 동의하고자 하는 의도를 일깨우는 것이다. 이는 단순히 마음을 비우는 것이 아니라, 하나님의 은총과 사랑에 우리의 존재 전체를 열어 드리고자 하는 근원적 의도를 가지고 나아가는 것이다.

자연에 비유하자면, 이러한 영적 자세는 마치 해바라기가 태양을 향해 고개를 돌리는 것과 같다. 해바라기는 자연스럽게, 그러나 분명한 의도를 가지고 태양을 향해 뻗어 나가며, 동시에 태양의 빛과 열을 받아들인다. 이처럼 센터링 침묵기도에서는 우리 내면의 깊은 곳에서 하나님께 동의하고자 하는 근원적 의도가 깨어나 그분을 향해 집중하게 된다. 이때 기록한 단어는 이러한 우리의 의도를 표현하는 구체적인 도구가 된다.

센터링 침묵기도에서 말하는 '동의하고자 하는 의도'는 전적으로 하나님의 은혜에 근거한다. 이는 우리의 능력이나 자발성에서 시작되는 것이 아니라, 하나님이 먼저 우리에게 베푸신 언약의 은혜와 성령의 역사하심에 대한 응답이다. "우리가 사랑함은 그가 먼저 우리를 사랑하셨음이라"(요일 4:19)는 말씀처럼, 우리가 하나님께 동의하고자 하는 것은 하나님이 먼저 우리를 부르시고, 우리 안에 그러한 거룩한 갈망을 심어 주셨기 때문이다. 따라서 거룩한 단어를 선택하고 사용하는 것은 하나님이 이미 시작하신 은혜의 역사에 참여하는 것이다. 이는 마치 아버지가 먼저 팔을 벌려 안아 주시는 것에 대한 자녀의 응답과 같다. "너희 안에서 행하시는 이는 하나님이시니"(빌 2:13)라는 말씀처럼, 우리의 모든 영적 갈망과 하나님을 향한 동의는 하나님의 주권적 은혜가 먼저 일하신 결과다.

이러한 근원적 의도와 동의가 없다면, 이 기도는 단순히 마음을 비우는 연습이나 정신 수양으로 그치고 말 것이다. 그러나 우리 안에 이 깊은 의도와 동의가 함께 깨어날 때, 우리의 모든 침묵은 하나님을 향한 사랑의 표현이 되며, 모든 고요함은 그분의 은총이 활동하시는 거룩한 공간이 된다. 이것이 바로 센터링 침묵기도가 단순한 명상이나 마음 비우기와 구별되는 핵심이다.

이 기도에서 생각이 떠올랐음을 알아차렸을 때, 아주 부드럽게 거룩한 단어로 돌아오는 것이 최소한의 노력으로 행하는 우리의 유일한 활동이다. 기도 중에 떠오르는 생각들은 피할 수 없는 것일 뿐 아니라, 하나님이 시작하시는 치유와 성장의 관점에서 볼 때 자연스럽고 필요한 것이다. 이런 생각을 물리치려 하기보다는 집착하지 않고 개입하지 않는 초연한 자세를 유지하는 것이 필요하다. 생각이 오고 가는 것을 허용하면서도, 어떤 생각에도 저항하지 않고, 어떤 생각도 붙잡아 두지 않으며, 어떤 생각에도 정서적으로 반응하지 않는 것이 중요하다.

센터링 침묵기도를 할 때, 처음에는 아침에 한 번 20분 정도로 시작하고, 그것이 자연스러워지면 하루 중 오후나 저녁 시간에 한 번 더 하는 것이 좋다. 이때 중요한 것은 이 기도를 평가하지 않는 것이다. 내가 얼마나 많은 평안을 느꼈는지, 얼마나 생각이 떠오르지 않았는지가 기도의 성패를 가늠하는 기준이 되어서는 안 된다. 이 기도를 평가하는 유일한 방법은 장기적으로 나타나는 일상에서의 열매들이다.

내면의 고요함을 경험하는 것은 우리를 점차 변화시킨다. 우리는 지위, 인종, 국적, 종교, 외모를 넘어서 겸손과 존중, 사랑으로 사람들을 대할 수 있게 된다. 센터링 침묵기도의 진정한 열매는 바쁜 일상 속에서도 모든 것 가운데 함께하시고 일하시는 하나님을 조금씩 더 알아차리고 동행해 나가는 은혜의 힘을 얻는 것이다.

우리가 추구하는 평안이나 깨달음이 아니라, 하나님과의 더 깊은 관계 속에서 자연스럽게 맺히는 이러한 열매들이 진정한 센터링 침묵기도의 축복이다. 이것은 우리의 노력으로 얻는 것이 아니라, 하나님의 현존 안에 꾸준히 머물 때 하나님이 우리 안에 이루시는 놀라운 변화의 결과다.

자주 묻는 질문과 답변: 센터링 침묵기도의 실제

하나님 나라 복음 DNA 네트워크에 속한 목자, 목회자, 사모들과의 대화를 통해 센터링 침묵기도에 대한 실제적인 이해를 나누고자 한다. 이 내용은 기도 모임 현장에서 오고 간 질문과 답변들을 정리한 것으로, 기도하는 이들의 생생한 고민과 경험, 그리고 그 속에서 발견한 통찰을 담고 있다.

기도 방식의 조화로운 통합

Q: 렉시오 디비나와 센터링 침묵기도를 함께하고 싶은데, 둘 다 하려니 부담됩니다. 어떻게 시작하면 좋을까요?

A: 이 두 기도는 서로 다른 특성을 가지고 있으면서도 아름답게 조화를 이루는 영성 수련입니다. 렉시오 디비나가 말씀을 통해 하나님의 음성을 적극적으로 듣는 기도라면, 센터링 침묵기도는 모든 것을 내려놓고 하나님의 임재 안에 고요히 머무는 기도입니다.

한 사모의 실제 경험이 좋은 시작점이 될 수 있을 것 같습니다. "처음에는 렉시오 디비나 후에 단 1분만이라도 침묵하자고 마음먹었어요. 욕심내지 않고 시작했더니, 그 시간이 자연스럽게 늘어나더라고요. 지금은 말씀 묵상 후의 침묵 시간이 너무 소중해요. 그 고요함 속에서 말씀이 더 깊이 스며드는 것을 경험합니다."

이처럼 두 기도의 조화를 찾는 것은 점진적인 여정입니다. 처음에는 익숙한 렉시오 디비나를 중심으로 하되, 그 후에 3-5분 정도의 짧은 침묵기도를 더해 보세요. 그리고 매일 조금씩 이 침묵 기도 시간을 자연스럽게 늘려 가시면 됩니다. 가능하다면 같은 여정을 걷는 영적 동반자들과 경험을 나누는 것도 큰 도움이 될 것입니다.

기도 중 의식의 흐름 이해하기

Q: 생각이 떠오를 때 거룩한 단어를 사용하는 것과 무념 상태, 그리고 자연스럽게 떠오르는 기도에 대해 혼란스러워요. 어떻게 이해하면 좋을까요?

A: 많은 분들이 이 부분에서 혼란을 경험하시는데, 이는 매우 자연스러운 과정입니다. 우선 거룩한 단어의 본질적 의미부터 이해할 필요가 있습니다. 거룩한 단어는 하나님께 드리는 작은 선물과 같은 것으로, '하나님, 지금 이 순간 당신과 함께하기를 원합니다'라는 우리의 의도를 표현하는 것입니다. 이는 단순히 생각을 비우기 위한 도구가 아니라, 하나님을 향한 우리 마음의 나침반입니다.

무념 상태에 대한 오해도 자주 발견됩니다. 센터링 침묵기도의 목적은 생각이 완전히 없는 상태를 만드는 것이 아닙니다. 오히려 하나님의 현존 앞에서 열린 마음으로 있는 것이 핵심입니다. 이 과정에서 기도가 떠오르는 것은 자연스러운 현상입니다.

한 사모의 경험은 이를 잘 보여 줍니다. "어떤 날은 '주님, 저를 불쌍히 여겨 주세요'라는 기도가 저절로 나왔어요. 처음에는 이래도 되나 걱정했는데, 그것도 하나님과의 교제 방법이라는 것을 알게 되었습니다. 다만, 그 기도에 집착하지 않고 다시 부드럽게 하나님께 시선을 돌리는 것이 중요하다는 것도 배웠어요."

신체적 경험과 영적 성장

Q: 기도할 때 몸이 많이 불편해요. 특히 다리가 저리고 몸이 뻣뻣해지는데, 이런 것이 정상인가요?

A: 이러한 신체적 경험은 매우 일반적인 현상입니다. 우리의 몸도 기도에 참여하는 하나의 도구이기에, 이러한 반응들은 자연스러운 적응 과정의 일부라고 할 수 있습니다.

오랫동안 사용하지 않던 악기를 연주하기 시작할 때처럼, 우리의 몸도 새로운 기도 자세에 적응하는 시간이 필요합니다. 한 목자의 경험이 이를 잘 설명해 줍니다. "처음에는 5분만 앉아 있어도 온몸이 아프고 불편했어요. 그런데 조금씩 자세를 조정하고, 긴장을 풀면서 점차 편안해졌습니다. 지금은 그 불편함이 오히려 제가 기도하고 있다는 것을 알려 주는 신호가 되었어요."

이러한 신체적 경험과 관련하여 몇 가지 실제적인 조언을 나누고자 합니다. 우선, 완벽한 자세에 대한 집착을 내려놓는 것이 중요합니다. 의자에 앉을 때는 편안하게 등받이에 기대되, 너무 깊숙이 파묻히지 않는 자연스러운 자세를 유지하면 됩니다. 마치 카페에서 친구와 대화를 나누듯, 자연스럽고 편안한 자세를 찾아보는 것이 좋습니다.

불편함이 느껴질 때는 부드럽게 자세를 조정해도 됩니다. 이는 기도를 방해하는 것이 아니라, 오히려 더 깊은 기도로 들어가기 위한 자연스러운 과정입니다. 시간이 지날수록 몸은 이러한 기도에 익숙해집니다. 한 목자는 이렇게 표현했습니다. "이제는 의자에 앉는 순간, 몸이 기도 모드로 들어가는 것 같아요. 처음의 불편함이 오히려 축복의 시간을 알리는 종소리가 되었답니다."

하나님의 현존 경험하기

Q: 센터링 침묵기도를 하다 보면 내가 잘하고 있는지 확인하고 싶은데, 어떻게 알 수 있을까요? 하나님의 현존을 어떻게 경험하는 건가요?

A: 많은 분들이 이런 고민을 하시는데, 이는 매우 자연스러운 질문입니다. 우선 "잘하고 있다 혹은 못하고 있다"로 판단하려 하지 않는 것이 중요합니다. 이 기도는 성과를 내는 것이 아니라 관계를 깊게 하는 것이기 때문입니다.

하나님의 현존 경험은 봄날의 따스한 햇살과 같습니다. 때로는 그 따스함을 분명히 느끼지만, 때로는 구름에 가려 잘 느끼지 못할 수도 있습니다. 그러나 해가 늘 그 자리에 있듯이, 하나님의 현존도 우리의 느낌과 관계없이 변함없이 그 자리에 계십니다.

한 목자의 경험은 이러한 이해를 더욱 깊게 해 줍니다. "처음에는 매번 뭔가를 느껴야 할 것 같았어요. 그런데 시간이 지나면서 깨달았습니다.

중요한 건 내가 얼마나 느끼느냐가 아니라, 그저 신실하게 이 자리를 지키는 것이라는 걸요. 그러다 보니 일상에서도 하나님의 동행하심을 더 자주 발견하게 되었습니다."

　이러한 기도의 여정 속에서 우리는 여러 가지 변화를 경험하게 됩니다. 일상의 작은 순간들 속에서 하나님의 세밀한 손길을 발견하게 되고, 다른 이들과의 관계에서도 더 많이 인내하며 이해하게 됩니다. 또한 평소의 조급한 마음이 줄어들면서 내면에 고요하고 단단한 평안이 자리 잡게 되며, 성경 말씀을 대할 때도 이전과는 다른 깊이의 울림을 경험하게 됩니다.

기도 중의 이미지와 감동

Q: 어느 날은 마치 내 잔이 넘치는 것 같은 이미지가 떠올랐어요. 그리고 찬양이 저절로 나왔죠. 마치 다윗이 춤추듯 자유롭게 예배하고 싶은 마음이 들었어요. 처음에는 이래도 되나 망설여졌는데, 기도하는 동안 이런 경험들을 어떻게 받아들여야 할까요?

A: 귀중한 체험을 나누어 주셨습니다. 센터링 침묵기도 중에 이러한 다양한 경험을 하시는 것은 매우 자연스러운 일입니다. 성령님께서는 각 사람과 독특한 방식으로 소통하시기 때문입니다.

　이러한 이미지나 감동을 경험할 때는 두 가지 중요한 태도가 필요합니다. 첫째는 판단하지 않고 받아들이는 것입니다. 떠오르는 이미지나 감동을 '맞다 혹은 틀리다'로 평가하려 하기보다는, 그것을 통해 일하시는 하나님의 손길을 지켜보는 자세가 필요합니다. 둘째는 모든 것이 자연스럽게 흐르도록 두는 것입니다. 특별한 경험을 강요하거나 억누르지 않으면서도, 동시에 그것에 지나치게 집착하지 않는 균형이 중요합니다. 이는 시냇물이 흐르듯, 하나님과의 교제가 자연스럽게 이어지도록 하는 것입니다.

이렇게 자연스럽고 편안한 태도로 임하시면 좋겠습니다. 성령님께서는 우리 각자에게 가장 적합한 방식으로 일하시며, 그러다 보면 점점 더 깊은 침묵의 은총 속으로 들어가게 될 것입니다.

기다림과 수용의 영성

Q: 기도하면서 기다리는 것이 너무 어려워요. 자꾸 뭔가를 해야 할 것 같고, 문제를 해결하고 싶은 마음이 듭니다.

A: 항상 무언가를 '하는 것'에 익숙한 우리에게 그저 기다리며 있는 것이 어색하고 불편하게 느껴지는 것은 자연스러운 일입니다. 특히 신앙생활에서도 늘 열심히 하는 것을 중요하게 여겨 왔기에 더욱 그렇습니다.

한 목자의 경험이 이러한 도전을 잘 보여 줍니다. "처음에는 이렇게 가만히 있는 것이 시간 낭비처럼 느껴졌어요. 하나님께 뭔가 말씀드리거나 간구하거나 찬양을 해야 할 것 같았거든요. 그런데 시간이 지나면서 깨달았습니다. 때로는 사랑하는 사람과 그저 함께 있는 것만으로도 충분하듯이, 하나님과의 관계에서도 그저 함께 있는 시간이 필요하다는 것을요."

이러한 기다림의 시간은 우리의 통제 욕구를 내려놓는 소중한 기회가 됩니다. 처음에는 불안하고 답답할 수 있습니다. 마치 시속 100km로 달리던 자동차가 갑자기 멈추면 어색하고 불안한 것처럼요. 하지만 이 정지의 시간을 통해 우리는 진정한 쉼과 평화를 배워 갑니다.

한 사모의 고백은 이러한 과정에 대한 통찰을 제공합니다. "기다림이 힘들 때마다 저는 이렇게 생각해요. '하나님께서는 지금도 일하고 계시고, 내가 모르는 방식으로 나를 돌보고 계신다'고요. 그러면 조급한 마음이 조금씩 잦아들더라고요."

이러한 기다림의 여정에서 우리가 기억할 것이 있습니다. 기다림은 결코 무기력하거나 수동적인 것이 아니라 오히려 적극적인 신뢰의 표현이라는 점입니다. 완벽한 기다림을 기대하기보다는 때로 조급해지고 불안해지는 것도 자연스러운 과정으로 받아들이면 좋겠습니다. 마치 씨앗이 보이지 않는 땅속에서 자라나듯, 기다림의 시간 속에서도 우리 안에 조용한 변화가 일어나고 있음을 신뢰하는 것이 중요합니다.

순수한 의도와 영적 분별

Q: 기도하다 보면 여러 생각과 느낌이 드는데, 이것이 믿음인지 그냥 감정인지 분별하기가 어려워요. 어떻게 해야 할까요?

A: 이 질문을 듣고 보니, 하나님을 향한 순수한 의도 자체가 가장 중요하다는 점을 먼저 말씀드리고 싶습니다.

한 목자는 이렇게 경험을 나누셨어요. "처음에는 매 순간 '이게 하나님의 음성일까? 내 생각일까?' 분별하려 애썼어요. 그러다 깨달았죠. 중요한 건 그런 분별보다도 하나님을 향한 마음 자체라는 걸요. 그냥 아이가 부모님께 마음을 여는 것처럼, 단순하게 시작하면 된다는 걸 알게 되었습니다."

기도 중에 드는 생각과 감정들을 너무 세세하게 분별하려 하기보다는, 그저 하나님과의 깊은 침묵 속에 머무르는 것이 좋습니다. 시간이 지나면서 기도가 더욱 깊어지고 평안해지는 것을 경험하게 될 것입니다. 조급해하지 마시고 이 과정을 신뢰하며 나아가시면 좋겠습니다.

결국 가장 중요한 것은 분별이 아니라, 하나님 앞에서 고요히 머무르며 그분의 임재를 누리는 것입니다. 그 안에서 자연스럽게 평안과 지혜가 주어질 것입니다.

의지와 수용의 균형

Q: 기도할 때마다 "잘해야겠다"는 생각이 들어요. 심지어 기도 시간을 평가하려는 마음도 있고… 이런 제 모습을 어떻게 봐야 할까요?

A: 한 사모의 고백이 생각나네요. "저도 처음에는 '오늘은 잡념이 몇 번이나 들었지? 어제보다는 좀 나아졌나?' 이렇게 계속 평가하고 있더라고요. 그러다 문득 깨달았어요. 제가 하나님과의 관계마저 성과로 만들려고 하고 있었던 거죠."

이런 마음을 발견했다는 것 자체가 이미 중요한 통찰입니다. 왜냐하면 이것을 통해 우리의 깊은 통제 욕구를 보게 되니까요. 이것은 우리의 영성이 더 깊어지는 계기가 될 수 있습니다.

평가하려는 마음을 발견하시면 그냥 '아, 내가 또 평가하려고 하는구나' 하고 알아차리시고, 부드럽게 하나님께로 시선을 돌리시면 됩니다. 우리의 통제 욕구까지도 하나님께 가져가 보세요. 그것조차도 은혜의 기회가 될 수 있습니다.

시간이 지나면서 이런 평가의 습관이 자연스럽게 줄어들 것입니다. 그 과정 자체가 영적 성장의 여정이라고 생각하시면 좋겠습니다.

거룩한 단어의 사용

Q: 기도 중에 생각이 들어올 때 거룩한 단어를 너무 빨리 떠올리는 것 같아요. 거룩한 단어를 어떤 속도로, 얼마나 자주 사용해야 하나요?
A: 이 부분에서 많은 분들이 고민하는데, 가장 중요한 건 '속도'가 아니라 '부드러움'입니다.

한 목자의 경험이 참 도움이 될 것 같습니다. "처음에는 생각이 들어오면 마치 불청객을 쫓아내듯이 재빨리 거룩한 단어로 돌아가려 했어요. 나중에 알게 된 건데, 그렇게 하다 보니 오히려 더 긴장되고 평화를 잃게 되더라고요. 지금은 마치 잔잔한 물결이 해변으로 돌아가듯이, 아주 자연스럽게 돌아가려고 해요."

거룩한 단어는 하나님의 현존과 일하심에 대한 우리의 '예'라는 걸 기억하세요. 이것은 생각을 없애는 도구가 아니라, 하나님께 대한 우리의 동의를 표현하는 방법입니다.

생각이 떠올랐을 때 다급하게 반응하지 말고, 마치 친근한 손짓으로 초대하듯이 거룩한 단어로 돌아오세요. 각자의 고유한 리듬이 있습니다. 그 리듬을 찾아가는 과정 자체를 기도의 한 부분으로 받아들이면 좋겠습니다.

하나님의 나라 체험하기

Q: 기도하다 보면 때로는 말이나 행동이 필요 없는 상태가 됩니다. 이것이 하나님 나라에서의 모습일까요?

A: 정말 의미 있는 경험을 하고 계시네요. 센터링 침묵기도에서 이런 순간들은 특별한 선물과도 같습니다.

한 목회자는 이렇게 표현했습니다. "그 순간은 마치 시간이 멈춘 것 같았어요. 말이 필요 없었고, 그저 '있는 것' 자체로 충만했죠. 나중에 깨달은 건데, 이것이 바로 하나님 나라의 평화를 맛보는 순간이 아니었나 싶어요."

이런 경험은 우리에게 언어를 넘어선 깊은 교제가 가능하다는 걸 보여주며, 이는 분명 하나님 나라의 예표가 될 수 있습니다. 센터링 침묵기도를 통해 우리는 잠시나마 하나님 나라의 고요함과 평화, 그리고 충만함을 맛보게 되죠. 이런 순간에는 모든 걱정과 불안이 사라지고, 그저 하나님의 현존 안에 머무는 것만으로도 충분합니다. 하지만 이 경험 자체를 목표로 삼기보다는, 이런 순간들이 자연스럽게 일상의 변화로 이어지도록 하는 게 좋습니다.

무념과 깨어 있음의 조화

Q: 생각을 흘려보낸 후의 상태가 '무념무상'인가요? 이런 상태를 추구해야 하나요?

A: 센터링 침묵기도의 목적은 '무념무상'이나 완전한 빈 마음을 만드는

것이 아닙니다. 오히려 하나님의 현존 안에서 깨어 있는 상태를 경험하는 것입니다.

한 사모의 통찰이 떠오릅니다. "처음에는 아무 생각도 없는 상태를 만들려고 애썼어요. 그런데 그게 아니더라고요. 중요한 건 생각이 없는 게 아니라, 하나님께 열려 있는 마음이었어요. 마치 햇빛을 받는 꽃처럼."

이 기도에서는 생각이 없는 상태를 만드는 것이 아니라, 하나님의 현존 앞에 깨어서 머무는 것이 핵심입니다. 마치 따스한 햇볕 아래 그저 앉아 있는 것처럼, 하나님의 현존 앞에 고요히 머무는 것입니다. 생각이 오가는 것을 억누르지 않고, 그저 부드럽게 하나님께로 돌아오면 됩니다. 이런 깨어 있음이 바로 이 기도의 본질입니다.

영적 여정의 지속성

Q: 매일 이 기도를 실천하면, 장기적으로 어떤 변화를 기대할 수 있을까요?

A: 영적 여정에서 가장 아름다운 것 중 하나는 우리가 예상하지 못한 방식으로 하나님이 일하신다는 것입니다.

한 목자의 1년간의 여정은 이런 모습이었습니다. "처음에는 큰 변화를 기대했어요. 하지만 실제로 일어난 변화는 아주 섬세하고 일상적이었죠. 가족들과 대화할 때 더 많이 듣게 되고, 급한 일이 생겨도 덜 흔들리게 되고… 어느 날 문득 보니 제 안에 잔잔한 평화가 자리 잡고 있더라고요."

이 기도를 통해 우리는 더 깊이 듣고 이해하게 되며, 갈등 상황에서도 평화롭게 대응할 수 있게 됩니다. 내면에는 깊은 평안과 감사가 자라나고, 말씀을 대하는 깊이도 달라집니다. 무엇보다 일상의 순간순간에서 하나님을 발견하는 기쁨을 누리게 됩니다. 이런 변화들은 우리가 의도적으로 만들어 내는 것이 아니라, 하나님과의 꾸준한 만남을 통해 자연스럽게 맺히는 열매입니다.

마무리

　센터링 침묵기도에 대한 우리의 진솔한 질문들을 통해 발견되는 공통된 열망은 "이 기도를 올바르게 하고 싶다"는 마음이다. 많은 이들이 "이렇게 하는 것이 맞는지 모르겠다"는 걱정을 한다. 이는 하나님과의 관계를 얼마나 진지하게 추구하는지를 보여 주는 것이기도 하다.

　그러나 이 기도의 본질은 '올바른 방법'을 찾는 것이 아니라 '관계'에 있다. 소중한 사람과의 관계에서처럼, 하나님과의 관계도 때로는 깊은 감동이 있는가 하면 때로는 밋밋할 수 있다. 어떤 날은 가슴이 벅차오르고, 어떤 날은 건조할 수도 있다. 하지만 관계의 가치가 이런 감정의 변화에 좌우되지 않듯이, 기도도 그날의 감정이나 수행의 결과를 넘어서는 것이다.

　이 기도의 핵심은 단순하다. 지금 이 순간 함께하시는 하나님께 마음의 문을 여는 것이다. 다양한 생각들이 떠오를 때, 그것들과 싸우거나 집착하지 않고 감정적으로 휘둘리지도 않으면서, 그저 부드럽게 거룩한 단어로 돌아가면 된다. 이렇게 할 때, 시간은 자연스럽게 흐르고 관계는 저절로 깊어지며, 하나님을 향한 영적 감각도 점점 더 풍성해진다.

　특별히 기억할 것은, 이 기도에는 '완벽한 방법'이나 '반드시 도달해야 할 상태'가 없다는 점이다. 중요한 것은 하나님을 향한 진실한 의도와 그분의 이끄심을 신뢰하는 마음이다. 한 걸음 한 걸음 나아가다 보면, 어느새 이 기도가 삶에 깊이 스며들어 있음을 발견하게 될 것이다.

  이러한 기도의 여정은 결국 더 근원적인 질문으로 우리를 이끈다. "나는 누구인가?" 다음 장에서는 이 물음을 중심으로, 에고의 틀을 벗어나 하나님 안에서 참된 나를 발견해 가는 여정을 함께 나누고자 한다. 이는 단순한 자기 발견이 아닌, 하나님의 은총 안에서 우리의 진정한 정체성을 찾아가는 거룩한 모험이 될 것이다.

제3장

진정한 나를 찾는 여정: 영적 통찰

진정한 자아를 찾는 것은
무언가를 더하는 것이 아니라,
우리를 가리고 있던 것들이 벗겨지는 것이다.
우리는 이미
하나님의 형상대로 지음받은 존재이기 때문이다.
- 리처드 로어(Richard Rohr)

압바 푀멘이 압바 요셉에게 말했다.
"수도승이 되려면 어떻게 해야 하지요?"
압바 요셉이 대답했다.
"만일 당신이 현세에서도, 내세에서도 평안을 얻으려면
매사에 '나는 누구인가?' 하고 물으십시오.
그리고 아무도 판단하지 마십시오."
- 사막 교부/교모들의 잠언

존재의 근원적 물음: 나는 누구인가?

우리는 모두 자신에게 묻는다. "나는 누구인가?" 이 질문은 단순히 나의 강점과 약점을 알아 가는 수준을 넘어, 나를 형성한 상처와 경험들 속에서 내면의 진정한 나를 찾아가는 여정을 열어 준다. 그러나 이 여정은 쉽지 않다. 우리의 자아는 부모, 가족, 그리고 사회적 경험 속에서 형성된 틀 안에 갇혀 있으며, 때로는 상처받고 왜곡되어 우리를 제한하기도 한다. 이 틀이 바로 우리가 '에고'(Ego)라고 부르는 것, 즉 자신을 보호하기 위해 형성된 껍질이다.

에고는 우리를 안전하게 지키는 기능을 하지만, 동시에 하나님의 형상으로 지어진 참자아(True Self)를 가리는 장애물이 되기도 한다. 참자아는 우리의 존재 가장 깊은 곳에서 하나님과 연결되어 있는 근본적인 나의 모습이다. 참자아는 우리의 삶의 방향과 의미를 발견하게 하며, 진정한 자유를 경험할 수 있는 열쇠를 제공한다.

우리는 종종 에고가 만들어 낸 거짓 자아에 속아 자신을 정의한다. 안전, 애정, 통제라는 근본적 욕구에 기반한 에고는 외부 환경과 상황에 따라 끊임없이 흔들리며, 우리를 참된 나로부터 멀어지게 만든다. 어릴 때 형성된 욕구와 상처들은 우리가 삶을 바라보는 방식을 왜곡시키고, 무의식적으로 현재에 반응하게 만든다. 이로 인해 우리는 종종 자신을 온전히 이해하지 못하고, 무언가 채워지지 못한 결핍감 속에서 갈등과 혼란을 경험한다.

"나는 누구인가?"라는 질문은 단순한 지식적 탐구를 넘어선 영적 여정으로 우리를 초대한다. 이 여정은 단순히 나를 분석하고 이해하는 데서 끝나지 않고, 하나님의 은총 속에서 나를 새롭게 발견하고 참자아로 나아가는 길이다. MBTI가 우리의 성격적 선호와 경향성을 이해하게 하는 것처럼, 애니어그램은 우리의 무의식적 동기와 욕구를 깊이 탐구하게 하며 참자아를 향해 나아가도록 돕는 영적 여정의 도구가 된다.

그러나 이러한 도구들은 여정의 시작점일 뿐이다. 진정한 자기 발견과 변화는 하나님과의 깊은 만남을 통해 이루어진다. 관상기도와 센터링 침묵기도 같은 수련은 애니어그램을 통해 발견한 우리의 고착된 패턴과 방어기제를 하나님의 은혜 안에서 바라보고 내려놓을 수 있게 한다. 이러한 침묵 속에서 우리는 에고의 소리에 더 이상 지배받지 않고, 하나님께서 초대하시는 더 큰 사랑과 자유의 자리로 나아갈 수 있다.

욕구 충족을 넘어서: 하나님과의 깊은 관계로

　인간의 기본적인 세 가지 욕구, 즉 안전, 애정, 통제는 우리의 자아 발달에 중요한 역할을 한다. 심리학자 알프레드 아들러(Alfred Adler)와 아브라함 매슬로우(Abraham Maslow)는 이러한 욕구들이 자아의 건강한 발달에 필수적이라고 설명했다. 매슬로우는 이 욕구들을 생리적 욕구와 자아 실현 욕구 사이의 중간 단계로 보고, 이것들이 자아 성장과 자아 실현에 중요한 역할을 한다고 했다.

　먼저, 안전(Safety)에 대한 욕구는 신체적이고 심리적인 위험으로부터 보호받고자 하는 기본적인 필요다. 어렸을 때 부모나 보호자와의 안정된 관계에서 느끼는 안전감이 그 예다. 우리가 어린 시절에 경험한 안전한 환경은 성인이 되어서도 지속적인 영향을 미친다.

　다음으로, 애정(Love)에 대한 욕구는 타인과의 관계에서 사랑과 애정을 받으려는 욕구다. 이는 우리가 소속감을 느끼고 가치감을 얻는 데 중요한 요소다. 다른 사람이 나를 있는 그대로 사랑하고 받아들일 때, 우리는 더 건강한 자아를 형성할 수 있다.

　세 번째는 통제(Control)에 대한 욕구다. 인간은 자신의 삶을 스스로 통제하고 싶어하며, 이는 자아 효능감과 자존감을 높이는 데 필수적이다.

자신의 선택과 행동에 대한 통제감은 자립적이고 건강한 사람으로 성장하는 데 중요하다.

토마스 키팅은 이러한 기본 욕구들이 어떻게 우리의 "행복을 위한 정서적 프로그램"(Emotional Program for Happiness)을 형성하는지 깊이 있게 분석했다. 이 프로그램은 어린 시절부터 형성된 안전, 애정, 통제에 대한 근본적인 욕구 패턴을 의미한다.

예를 들어, 어린 시절 부모의 관심을 받기 위해 좋은 성적을 내야 했던 아이는 성인이 되어서도 무의식적으로 "인정받아야 행복하다"는 프로그램을 가지게 된다. 또 다른 이는 가정의 경제적 불안정을 경험하며 "안전하려면 많은 것을 소유해야 한다"는 프로그램을 형성한다. 이러한 프로그램들은 우리가 의식하지 못하는 사이에 우리의 선택과 반응을 지배한다.

문제는 이러한 정서적 프로그램과의 과도한 동일시가 오히려 참된 행복과 영성생활의 장애물이 된다는 점이다. 우리는 끊임없이 이 프로그램들을 충족시키려 애쓰지만, 그 욕구는 결코 완전히 채워지지 않는다. 마치 밑 빠진 독에 물을 붓는 것과 같다.

키팅은 센터링 침묵기도를 통해 우리가 이러한 정서적 프로그램을 인식하고 점차 초월할 때, 참자아와 만나게 되고 하나님과의 친밀한 관계가 가능해진다고 보았다. 침묵기도 중에 떠오르는 불안, 분노, 욕구들은 바로 이러한 프로그램들이 도전받을 때 나타나는 반응이다. 하지만 이를 거룩한 단어로 부드럽게 흘려보낼 때, 우리는 그 프로그램들에서 조금씩 자유로워진다.

이러한 욕구들은 인간으로서 우리의 행복과 건강에 필수적이지만, 모든 부모가 아이의 욕구를 완벽하게 충족해 줄 수는 없는 것이 현실이다.

우리는 이러한 욕구를 충족시키기 위해 다양한 활동과 반응을 하면서 살아가는데, 이것이 바로 행복을 추구하는 과정의 기본이 된다.

그러나 삶을 살다 보면 어느 순간, 이러한 기본적인 욕구를 넘어서는 더 깊은 갈망이 있다는 것을 깨닫게 된다. 단순히 욕구를 채우는 것으로는 만족되지 않는 무언가가 우리를 초대한다. 기독교 신앙 안에서는 이러한 갈망이 하나님과의 관계로 향하는 시작점이 된다.

믿음의 초기에는 하나님을 통해 자신의 욕구를 채우려는 모습이 자연스럽게 나타난다. 건강, 안정, 관계 등 현실적 필요를 채우기 위해 하나님께 간구하는 것이다. 이러한 욕구 자체는 잘못된 것이 아니지만, 이것이 신앙의 중심이 되면 하나님과의 관계가 단순히 '행복 프로그램'을 강화하는 도구로 변질될 수 있다.

이러한 표면적 신앙은 겉으로는 종교적 열심과 헌신으로 보일 수 있으나, 그 본질은 여전히 자아의 욕구 충족에 머물러 있다. 이는 마치 깊은 바닷속을 탐험하지 않고 표면만 스치듯 지나가는 것과 같다. 이러한 표층적 신앙은 개인적으로는 반복되는 공허함과 좌절감으로, 공동체적으로는 갈등과 분열로 이어질 수 있다. 이는 결과적으로 신앙 공동체 내부의 실망과 외부의 부정적 인식을 초래하게 된다.

그러나 하나님과의 관계가 깊어질수록, 우리는 단순한 욕구 충족을 넘어 새로운 차원의 자아를 경험하게 된다. 이는 하나님의 현존을 깊이 체험하며 진정한 자유와 사랑으로 나아가는 여정이다.

치유의 은총:
하나님 앞에서의 정화

하나님과의 깊은 관계 속에서 우리는 내면의 에고와 욕구가 드러나는 과정을 경험한다. 특히 인생의 위기와 갈등 속에서 하나님은 우리의 에고가 만든 동기와 행복 프로그램을 정화하신다. 이 과정은 때로 고통스럽지만, 하나님이 우리를 새롭게 하시는 은혜의 시간이 된다.

관상기도, 특히 센터링 침묵기도는 이 과정에서 핵심적 역할을 한다. 이 기도는 우리가 하나님께 자신을 온전히 내어 드리는 시간이며, 스스로의 힘으로 문제를 해결하려는 집착에서 벗어나 하나님의 일하심을 허용하는 공간이다. 이를 통해 우리의 행복 프로그램과 집착이 느슨해지고, 하나님 앞에 있는 그대로의 참자아를 드러내게 된다.

알코올, 음식, 쇼핑, 관계, 일 등에 중독 성향이 있는 사람들은 반복된 실패 속에서 좌절하기 쉽다. 이러한 문제의 극복은 자신의 힘만으로는 변화할 수 없다는 깨달음에서 시작된다. 알코올 중독자 모임(AA)의 열두 단계가 첫 단계에 이러한 고백을 담고 있는 것도 이 때문이다. 이는 내 힘이 아닌 더 큰 힘, 즉 하나님께 도움을 구하고 의지하는 태도를 배우는 과정이다.

센터링 침묵기도는 이러한 원리를 담고 있다. 우리가 스스로를 변화시키려는 시도를 멈추고 하나님의 일하심을 받아들일 때, 하나님은 우리 안에 깊이 자리 잡은 에고와 행복 프로그램을 점진적으로 치유하신다. 이는 하나님께서 우리의 내면을 새롭게 빚어 가시는 은혜의 시간이다.

하나님은 우리를 행복 프로그램을 넘어서는 더 깊고 넓은 삶으로 초대하신다. 관상기도와 같은 영적 수련은 이 여정의 중심이 된다. 센터링 침묵기도와 렉시오 디비나 같은 영적 수행은 우리를 하나님의 현존으로 이끌며, 마음 깊은 곳의 욕구를 하나님의 사랑으로 대체한다.

이 여정은 외적 변화를 넘어 내면 깊은 곳에서 참된 자아를 발견하고, 하나님 안에서 자유와 사랑을 경험하게 한다. 하나님과의 관계가 깊어질수록 우리는 욕구의 속박에서 벗어나 하나님의 음성을 들으며 살아가는 자유를 누린다. 이는 우리를 점점 더 하나님과 하나 되는 자리로 이끌며, 이러한 초대에 응답할 때 우리의 삶은 하나님의 사랑과 은혜로 새로워진다.

침묵의 지혜:
알리피우스 신부의 가르침

마틴 레어드는 『침묵 수업』(Into the Silent Land, 199-209쪽)에서 알리피우스 신부와 젊은이의 대화를 통해 관상기도의 본질을 설명한다.

"자네는 누구인가?"

이 단순한 질문으로 시작된 알리피우스 신부와 젊은이의 대화는 우리가 자주 놓치는 심오한 진리를 담고 있다. 젊은이가 자신의 이야기를 늘어놓자, 알리피우스 신부는 고개를 저으며 말했다. "아니네, 자네가 말한 것은 자네가 입고 있는 옷에 관한 것일세. 자네가 누구인지 모르는 것이 문제일세. 자네는 빛이신 하나님의 한 줄기 광선이네."

젊은이는 처음에 '우스운 사람이군'이라고 생각했지만, 점차 더 깊은 진리에 이끌렸다. 알리피우스 신부는 이어 말했다. "한 줄기 빛은 태양을 찾지 않아. 그것은 태양에서 저절로 나오는 것이니까. 자네는 또한 포도나무이신 하나님의 가지일세. 가지는 포도나무를 찾지 않아. 그것은 이미 포도나무의 일부니까."

"시편의 시인이 '너희는 가만히 있어 내가 하나님 됨을 알지어다'라고 말하는 의미를 깨닫기 전에 자네는 침묵을 배워야 하네." 이 말씀은 우리를 더 깊은 침묵의 세계로 인도한다.

젊은이가 기도 중의 어려움을 토로하자, 알리피우스 신부는 깊은 통찰을 전했다. "자네는 이미 고요하네. 수많은 소음과 혼돈이 있더라도 자네가, 바로 자네가 침묵일세. 자네는 혼돈을 의식하고 있는 침묵이며, 혼돈을 바라보고 있는 침묵일세."

"혼돈이란 대체 무엇인가요?" "그건 그저 날씨일 뿐이네." 알리피우스 신부의 대답은 단순하면서도 깊었다.

젊은이가 관상 중에 생각에 빠지는 것을 걱정하자, 알리피우스 신부는 더 깊은 진리를 나누었다. "침묵과 관상은 생각보다 더욱 심오하네. 자네의 머릿속에서 일어나는 것들은 그저 내면의 날씨와 같다네. 자네가 관상으로 들어가면, 침묵은 언제나 현존할 것일세."

"알아차림의 대상으로부터 알아차림 자체로 주의를 돌리면, 상처나 해, 분노, 두려움, 불완전함이 없는 '고요하고 광활한 열려 있음'만이 남게 될 것이네. 이것이 바로 자네지." 알리피우스 신부의 이 말은 우리의 진정한 정체성을 보여 준다.

이는 "우리의 마음은 주님 안에서 평안할 때까지 안식을 찾지 못한다"는 성 어거스틴의 고백과 깊이 연결된다. 하나님은 우리의 아버지시며, 동시에 어머니와 같은 따뜻한 품성을 지닌 분이시다. 예수님께서는 암탉이 새끼를 품듯 우리를 보호하시는 하나님의 사랑을 말씀하셨고(마 23:37), 이사야 선지자는 어머니가 아이를 잊지 않듯 하나님께서 우리를 결코 잊지 않으신다고 전한다(사 49:15).

하나님은 폭풍 속에서도 잔잔한 바람으로, 혼돈 중에서도 고요로 우리와 함께 계신다. 마치 따스한 햇살이 생명에 생기를 불어넣듯, 하나님은 우리 내면 깊은 곳까지 스며들어 새 생명을 주신다.

알아차림 속에서 하나님을 만나는 것은 곧 우리의 진정한 자아를 발견하는 것이다. 하나님과 하나로 연결된 우리의 참된 모습은 고요하고 열려 있다. 이 모습 안에서 우리는 하나님의 사랑과 현존을 체험하며, 하나님 안에서의 나와 내 안에서의 하나님이라는 깊은 일치를 발견한다.

이러한 침묵 속 깨달음은 예수님의 광야 체험을 통해 더욱 깊이 이해할 수 있다. 예수님께서도 광야의 고독과 침묵 속에서 자신의 정체성을 확인하셨기 때문이다. 그분의 여정은 우리가 침묵 속에서 발견한 정체성이 일상의 도전들 속에서 어떻게 살아지고 꽃피워질 수 있는지를 보여 주는 이정표가 된다.

광야의 지혜:
정체성과 사명의 발견

인간의 마음 깊은 곳에는 채워지지 않는 갈망이 있다. 더 나은 삶, 인정, 안전을 향한 이 갈망은 우리를 끊임없이 무언가를 향해 달려가게 만든다. 하지만 진정한 충만함은 이런 갈망을 좇는 데서 오지 않는다. 예수님의 광야 체험은 이 진리를 명확하게 보여 준다.

누가복음 4장에서 예수님은 세 가지 근원적 유혹과 마주하신다. 첫째, "이 돌을 떡으로 만들어 보라"는 유혹은 단순한 음식의 문제가 아니다. 이는 우리의 존재 가치를 물질적 성공이나 안정에서 찾으려는 유혹이다. 이 유혹은 공허한 마음을 채우기 위해 끊임없이 더 많은 것을 소유하도록 우리를 부추긴다.

둘째, "성전 꼭대기에서 뛰어내려 보라"는 유혹은 우리 안의 '증명하고 싶은 욕구'를 자극한다. 사람들의 박수갈채를 통해 자신의 가치를 입증하려는 이 유혹은 현대 사회에서 더욱 강력한 형태로 나타난다. SNS의 '좋아요', 성과 중심의 평가, 끊임없는 자기 과시가 바로 그것이다.

셋째, "이 모든 권세와 영광을 주겠다"는 유혹은 가장 교묘하다. '좋은 일을 하기 위해 권력이 필요하다'는 그럴듯한 논리로 포장되어 있지만, 이는 결국 하나님보다 자신의 능력을 신뢰하게 만드는 함정이다. 통제에 대한 욕망은 우리를 하나님으로부터 멀어지게 한다.

이 모든 유혹의 핵심은 우리의 정체성을 흔들려 한다는 점이다. 예수님은 요단강에서 "너는 내 사랑하는 아들이라"(막 1:11)는 선언을 들으셨다. 이는 단순한 말이 아닌, 예수님의 존재 자체를 규정하는 선언이었다. 하나님의 사랑이 그분의 정체성의 근원이었기에, 어떤 유혹도 그 정체성을 흔들 수 없었다.

유혹을 이기신 후 예수님은 사명을 선포하신다. "주의 성령이 내게 임하셨으니 이는 가난한 자에게 복음을 전하게 하시려고 내게 기름을 부으시고 나를 보내사 포로 된 자에게 자유를, 눈먼 자에게 다시 보게 함을 전파하며 눌린 자를 자유롭게 하고 주의 은혜의 해를 전파하게 하려 하심이라."(눅 4:18-19) 이는 정체성에서 자연스럽게 흘러나온 사명 선언이었다.

오늘날 많은 영적 지도자들이 탈진하고 방황하는 이유가 이 진리와 관련 있다. 그들은 하나님의 사랑 안에서 자신의 정체성을 확립하기 전에 사역이라는 무게를 짊어진다. 끊임없는 성과 압박과 사람들의 기대는 그들을 지치게 만든다. 사역이나 봉사로 자신의 가치를 증명하려 하고, 성과로 존재 의미를 찾으려 한다. 이는 갈증 난 사람이 바닷물을 마시는 것과 같다. 일시적 만족은 있을지 모르나, 결국 더 큰 목마름만 남긴다.

"자네가 누구인지 모르는 것이 문제"라는 알리피우스 신부의 통찰은 우리 시대의 핵심 과제를 지적한다. 그가 말한 "자네는 빛이신 하나님의 한 줄기 광선"이라는 표현은 우리의 정체성이 하나님과의 관계에서 비롯됨을 보여 준다. 광선이 태양으로부터 자연스럽게 나오듯, 우리의 본질은 하나님의 사랑으로부터 흘러나온다.

이러한 깊은 관계 속에서 우리는 '고요하고 광활한 열려 있음'을 발견하게 된다. 이는 우리가 하나님의 사랑받는 자녀임을 깊이 체험하는 순간이다. 상처나 분노, 두려움, 불완전함에서 벗어나 우리의 참된 모습, 즉 하나님의 사랑받는 자녀라는 정체성을 회복하게 되는 것이다. 이러한 정체성이 단단해질 때 우리는 세상의 어떤 유혹도 이겨 낼 수 있다. 그때 비로소 우리는 진정한 자유와 평화 속에서, 하나님이 주신 고유한 사명을 따르며 자연스럽게 살아갈 수 있게 된다.

부서짐의 은총: 베드로의 이야기

예수님과 베드로의 첫 만남은 한 어부의 영혼을 뒤흔들어 놓았다. "무서워하지 말라 이제 후로는 네가 사람을 취하리라"(눅 5:10)는 말씀은 단순한 부름이 아닌, 존재의 전환점이 되었다. 평범한 어부의 거친 손에 쥐어진 그물을 내려놓던 순간, 베드로의 눈빛에는 특별한 제자가 되리라는 열정이 가득했다. 그러나 이 순수한 열정 속에는 자신도 알지 못하는 에고가 깊이 스며 있었다. 다른 제자들보다 더 깊은 헌신을 보이려는 무의식적 욕망과 자신의 의지로 신앙을 완성하려는 교만이 봄날의 새싹처럼 푸르른 그의 열정 속에 숨어 있었다.

"내가 주와 함께 죽을지언정 주를 부인하지 않겠나이다."(마 26:35) 이 선언은 진심이었으나, 그 진심은 자신의 힘으로 지킬 수 있다는 맹목적 자신감에 기초한 것이었다. 대제사장의 뜰에서 맞닥뜨린 현실은 냉혹했다. 한 여종의 질문 앞에서 그의 모든 결심은 순식간에 무너져 내렸다. "나는 그 사람을 알지 못하노라."(마 26:72) 세 번의 부인, 그리고 닭 울음소리와 함께 마주친 예수님의 시선은 그의 영혼을 꿰뚫었다. 이 순간 베드로는 자신의 본모습과 처절하게 마주하게 된다. 뜰 밖으로 비틀거리며 나가 쏟아낸 눈물은 단순한 후회가 아닌, 자신의 한계를 처절하게 깨달은 영혼의 비통한 울음이었다.

　이러한 부서짐의 과정은 참자아를 발견하는 데 꼭 필요한 여정이었다. 우리의 에고는 종종 신앙의 옷을 입고 나타나며, 때로는 열정과 헌신의 모습으로 위장한다. 그러나 진정한 변화는 이 에고가 무너지는 고통스러운 과정을 통해 시작된다. 베드로의 눈물은 거짓 자아가 무너지는 순간의 고통이자, 새로운 탄생을 위한 산고였다.

　갈릴리 바닷가의 아침, 부활하신 예수님은 실패한 제자를 찾아오셨다. 주목할 점은 그분이 먼저 아침 식사를 준비하셨다는 것이다. 배신한 제자를 향한 주님의 첫 응답이 정죄가 아닌 돌봄이었다는 사실은 깊은 영적 의미를 지닌다. "시몬아, 네가 나를 사랑하느냐?" 이 질문은 베드로의 가장 깊은 상처를 건드렸다. 세 번의 질문은 세 번의 부인을 상기시켰지만, 동시에 그것은 치유의 손길이었다.

　"주님, 주께서 아시나이다." 이제 베드로의 응답에는 더 이상 자신감 넘치는 선언이 없다. 대신 깊은 겸손과 전적인 의탁이 담겨 있다. 이는 자신의 사랑을 자랑하는 대신, 주님의 전지하심과 자비에 자신을 맡기는 성숙한 영성의 표현이었다. 우리도 이런 순간을 경험하지 않는가? 우리의 힘으로는 아무것도 할 수 없음을 인정하고, 오직 수님의 은혜만을 의시하세 되는 그 순간을 말이다.

　숯불가에서 베드로는 자신의 참된 정체성을 새롭게 발견하는 계기를 맞았다. 그의 내면에 심어진 이 깊은 깨달음은 후에 오랜 목회 여정을 걸으며 더욱 깊어져, "이제는 내가 사는 것이 아니요 오직 내 안에 그리스도께서 사시는 것이라"(갈 2:20)는 성숙한 고백으로 열매 맺게 된다. 주님의 부드러운 눈길 속에서, 따뜻한 아침 식사의 교제 속에서, 세 번의 사랑의 확인 속에서 시작된 이 여정을 통해, 베드로는 자신의 참된 정체성을 점차 발견해 갔다. 더 이상 자신의 업적이나 실패로 자신을 정의하지 않고, 하나님의 무조건적인 사랑 안에서 새로운 존재로 거듭나는 과정이 바로 이때부터 시작된 것이다.

이러한 깊은 변화는 베드로의 삶 전체를 통해 계속해서 무르익어 갔다. 처음에는 자신의 열정과 결단으로 예수님을 따르려 했던 그가, 이제는 예수님의 사랑에 이끌려 살아가게 된 것이다. 이것이 바로 관상기도가 우리를 인도하는 지점이다. 침묵 속에서 우리는 베드로처럼 주님의 현존 앞에 머물게 된다. 그 고요 속에서 우리의 모든 가면이 벗겨지고, 우리는 있는 그대로의 자신을 마주하게 된다. 그리고 그 자리에서 우리는 예수님의 변함없는 사랑을 만나게 된다.

"네가 나를 사랑하느냐?"는 질문은 오늘도 우리의 일상 속에 울리고 있다. 이는 우리를 정죄하거나 시험하는 것이 아니라, 더 깊은 사랑의 체험으로 초대하는 부르심이다. 베드로가 체험한 것처럼, 우리의 모든 실패와 좌절, 심지어 배신까지도 주님의 더 깊은 사랑을 발견하는 기회가 된다. 이러한 부서짐의 과정을 통해 우리는 자신의 참된 정체성, 즉 하나님의 사랑받는 자녀라는 본질을 발견하게 되는 것이다.

은혜의 고백: 치유와 내면의 여정

겉으로 보기에 나는 온순하고 조용한 사람이었다. 사람들은 나를 "좋은 사람"이라 불렀고, 나도 그런 사람이라고 믿었다. 하지만 그것은 내가 깨어 있고 의식적으로 행동할 때에만 유효했다. 무시를 받는다고 느끼거나, 내 뜻대로 일이 진행되지 않는다고 생각될 때, 가끔 무의식 깊은 곳에서 갑자기 화산처럼 분노가 솟구쳤다. 이 분노는 결국 가정이라는 작은 울타리를 넘어 일터에서도 드러나기 시작했다.

나는 늘 좋은 관계를 유지하려 애쓰며 내 진실된 마음을 표현하지 못했다. 불편한 감정이나 의견의 차이를 겪을 때마다 그것을 계속 묻어 두었고, 그렇게 쌓인 감정들은 어느 순간 더 이상 감당할 수 없는 폭발로 이어졌다. 이 상황은 단순히 관계의 문제가 아니라, 내 내면 깊숙한 곳에 자리 잡은 상처와 두려움을 마주해야 할 때가 되었음을 알리는 신호였다.

리빙 스쿨에서의 경험은 내 영적 여정의 전환점이 되었다. 제임스 핀리(James Finley)의 강의를 통해 내 안의 문제를 새로운 시각으로 보게 되었고, 이는 전문적인 상담과 더불어 깊은 치유의 길로 이어졌다. 상담 과정에서 나는 내 분노의 뿌리가 거절과 무시에 대한 두려움에 있음을 발견했다.

이 과정에서 만난 센터링 침묵기도와 환대 기도(Welcoming Prayer)는 내 영성 생활의 새로운 기둥이 되었다. 환대 기도는 일상에서 마주치는 불편하고 힘든 감정들을 피하지 않고 의식적으로 맞이하며, 그것을 통해 일하시는 하나님을 신뢰하는 기도 방법이다. 특히 환대 기도를 풍성하게 해 주는 바이오 영성(Bio-Spirituality)은 내 치유 여정에 큰 도움이 되었다. 이는 우리 몸의 감각과 느낌을 통해 하나님을 만나는 영성 훈련이다. 바이오 영성은 1970년대 피터 캠벨(Peter Campbell)과 에드윈 맥마혼(Edwin McMahon)이 개발한 접근법으로, 몸과 영성의 깊은 연결을 강조한다. 이들은 우리 몸이 단순한 육체가 아니라 하나님의 임재를 경험하는 성전이며, 우리 몸의 감각이 영적 지혜를 담고 있다는 깨달음에서 출발했다. 예를 들어, 가슴이 답답하거나 어깨가 긴장되는 느낌도 중요한 영적 메시지가 될 수 있다는 것이다. 나는 오랫동안 컴퓨터 앞에 앉아 화상 회의를 할 때 목과 어깨가 뻣뻣해지는 것이 느껴지면, 잠시 그 감각에 머물렀다. 나와 생각이 다른 동료의 의견에 반응할 때 명치 끝이 묵직해지는 것이 느껴지면, 그 느낌에 그대로 머물렀다. 그러자 도망가거나 무시하거나 누르던 나의 과거 패턴을 따르는 대신, 그것을 직면하면서 차분하게 대화를 해 나갈 수 있는 변화를 조금씩 경험할 수 있었다. 나는 이 접근법을 통해 그동안 무시했던 내 몸의 신호들에 귀 기울이는 법을 배웠고, 이는 내면의 치유로 이어졌다.

하루 세 번의 정해진 시간에 하는 침묵기도는 내 영적 생활의 중심축이 되었다. 이 시간을 통해 나는 내면에서 일어나는 다양한 감정과 생각들을 알아차리고, 그것들을 하나님 앞에 가져가는 법을 배웠다. 몸에서 느껴지는 긴장과 불편함을 판단하지 않고 있는 그대로 받아들이며, 그것을 하나님께 드리는 과정은 점차 더 깊은 자유로 이어졌다.

이 변화는 단순한 감정 조절의 차원을 넘어선다. 나는 하나님 안에서 사랑받는 존재라는 깊은 깨달음이 내 삶의 기반이 되었고, 이는 나 자신과 타인을 바라보는 시선도 변화시켰다. 일상의 분주함 속에서도 잠시 멈추어 내 몸의 긴장을 느끼고, 그것을 하나님께 드리는 작은 순간들이 쌓여 더 큰 자유를 경험하게 되었다.

물론 지금도 가끔은 옛 습관들이 고개를 들 때가 있다. 하지만 이제는 그것을 알아차리고, 그 순간에도 하나님의 은혜를 신뢰하며 돌아올 수 있는 내적 자유를 경험하고 있다. 이 여정에서 만나는 어려움들은 마치 강물의 소용돌이와 같지만, 그 모든 것이 결국 더 깊은 하나님의 은혜로 이끄는 과정임을 깨닫는다.

이제는 완벽함을 추구하기보다 매일의 작은 순간들 속에서 하나님의 은혜를 발견하며 나아간다. 그분의 사랑 안에서 평화와 감사를 누리는 동시에, 여전히 배우고 성장하는 중이다. 매일 아침 눈을 뜨며 나는 다시 한번 선택한다. 이 거룩한 여정에 나를 초대하신 그분의 은혜를 신뢰하기로.

역할을 넘어, 내면을 걷다

"나는 누구인가?" 이 질문은 우리의 삶을 근본적으로 변화시키는 차원 이동의 시작이다. 단순히 내가 가진 역할이나 성격, 조건화된 에고의 틀 안에서 답을 찾으려는 시도는 결국 허망한 결과를 낳는다. 참자아를 발견하는 여정은 내가 에고 너머의 존재임을 깨닫는 데서 출발한다.

토마스 머튼(Thomas Merton)은 『새 명상의 씨』(New Seeds of Contemplation)에서 이를 다음과 같이 표현했다. "우리의 존재 중심에는 죄와 환영이 닿지 않는 무(無)의 지점, 순수한 진리의 지점, 전적으로 하나님께 속하는 지점 혹은 섬광이 있다. 이곳은 우리가 어찌 할 수 있는 곳이 아니며, 거기서는 하나님께서 우리의 삶을 어찌하신다. 그곳은 우리 마음의 환상이나 우리의 난폭한 의지로 접근할 수 없다. … 나는 이것을 볼 수 있는 프로그램을 가지고 있지 않다. 그것은 단지 주어질 뿐이다. 그러나 천국의 문은 어디에나 있다."

어느 성금요일 아침, 목사 한 명이 나를 찾아왔다. 지난 6개월 동안 나에게 영성지도를 받아 온 목사였다. 나를 만나기 이전에도 그는 사막 교부의 책을 탐독하고 센터링 침묵기도와 예수기도를 수련해 왔다. 내면의 소요를 잠재우기 위하여 오랜 시간 상담을 받기도 했다. 그는 이미 목사이면서도 '목사의 목사 됨'을 질문하며 영성지도를 받았다.

그는 하나님을 갈망했고 목사이기 이전에 참된 사람이 되고자 열망했지만, 아쉽게도 그의 하나님 경험은 인식 차원에 머물고 있었다. 그는 바울의 신학과 하나님의 은혜에 관하여 설교할 수 있었지만, 정작 하나님의 은혜가 무엇인지 온 존재로는 알지 못했다. 그러나 하나님은 그의 삶에 생겨난 균열을 통하여 그를 깊은 곳으로 이끌고 계셨다.

"지난여름에 어느 장로님과 크게 부딪혔어요. 그분은 저에게 '목사님은 덕이 없어요'라고 말했습니다. 그 순간, 마치 제 안에서 무언가 죽는 것 같았어요." 뼈아픈 고통의 순간을 회상하는 그의 목소리에서 깊은 상흔과 함께 무언가 새로운 것이 움트는 듯한 기운이 느껴졌다. 나는 떨리는 그의 목소리에 귀를 기울였다. "그때 마음이 참 많이 아프셨겠군요. 그 강렬한 경험이 목사님에게 어떤 영향을 주었는지 더 이야기해 주실 수 있나요?"

그가 천천히 말을 이어 갔다. "성경이 말씀하시는 바 '죽어서 사는 것'이 이런 것인가 하는 경험을 했습니다. 그 후로 저를 낮추는 일이 더 쉬워졌습니다. 겸손이 이런 것인가 싶었어요. 이전에는 설교를 하면 칭찬받고 싶었어요. 그 마음은 교묘하고 끈질겼습니다. 그러나 최근의 설교 후에는 다른 마음이 들었습니다. 나를 높이지 않고 하나님께 감사하는 나 자신을 발견했습니다." 그의 목소리에는 이전에 없던 부드러움이 묻어났다.

"그렇군요. 그런 감정이 하나님과의 관계에 어떻게 영향을 미쳤는지 더 이야기해 주세요." 나는 그의 변화된 모습에 주목하며 물었다. 잠시 침묵하던 그의 눈가에 반짝 눈물이 맺히는가 싶더니, 별안간 그의 눈물은 커다란 울음으로 바뀌었다. 몇 분이나 오열하던 그가 울음을 삼키며 말했다. "칭찬하시는 하나님과 난생처음으로 만났습니다." 말을 마치자마자 그는 다시 울음을 터트렸다. 나는 그가 충분히 울도록 내버려두었다. 모태신앙으로 태어나 목사로 살아가는 40대의 남자가 하나님의 은혜를 새로이 깨닫고 목 놓아 우는 모습은 한편으로는 안타까웠지만 다른 한편으로는 경이로웠다.

이 순간이 보여 주는 것은 센터링 침묵기도와 영성지도가 만날 때 일어나는 놀라운 시너지다. 혼자 기도할 때는 미처 발견하지 못했던 내면의 움직임이, 영성지도자와의 안전한 관계 속에서 자연스럽게 드러난다. 이 목회자의 경우, 6개월간의 정기적 영성지도가 토양이 되어 이런 깊은 만남이 가능했다. 센터링 침묵기도는 씨앗이었고, 영성지도는 그 씨앗이 자랄 수 있는 안전하고 비옥한 땅이었다. 영성지도자는 판단 없는 경청을 통해 기도자가 자신의 진실을 드러낼 수 있는 공간을 제공하며, 기도 중 경험한 것들이 하나님으로부터 온 것인지 함께 분별하는 역할을 한다.

울음이 가신 자리에서 무언가 깊은 변화의 조짐이 느껴졌다. "그렇군요. 하나님이 칭찬과 격려를 해 주신다는 것을 깊이 경험하셨군요. 이제 다시 침묵 속으로 돌아가서 하나님과 함께 있는 시간을 가져 볼까요? 원하는 만큼 충분히 그 자리에서 머무시고, '아멘'이라고 해 주시면, 저도 눈을 뜨겠습니다." 시계 초침 소리만이 간간이 들리는 고요 속에서, 그의 호흡이 점차 깊어졌다. 5분이 넘는 긴 침묵 끝에 그가 부드럽게 '아멘'이라고 말했다.

침묵 속에서 만난 하나님은 그를 새로운 사람으로 바꾸어 놓았다. 하나님을 마음 깊숙한 곳에서 만난 그는, 자신을 있는 그대로 받아 주시는 하나님의 은혜를 체험적으로 알게 되었다. 머튼이 말한 '무(無)의 지점'을 경험한 것이다. 한 달 후 다시 만났을 때, 그는 달라져 있었다. 행동만을 강조하던 설교에서 벗어나 은혜를 함께 선포하게 되었고, 얼굴에는 자연스러운 미소가 깃들어 있었다. 그는 매달 새로운 기쁨을 나누러 왔다. 점차 그는 목사라는 역할 너머에 있는 자신의 참모습을 발견하기 시작했다.

"아내가 말하길, 제가 화가 줄었다고 합니다." 멋쩍은 미소와 함께 그가 말했다. "예전 같았으면 화를 냈을 법한 상황에서도 화를 내지 않아요. 저는 통제 욕구가 강한 편이어서 누가 나를 무시하거나 내 말을 듣지 않으면 화를 냈거든요. 심지어 이제는 운전하다가 내가 통제할 수 없는 상황을 만나더라도 화가 안 나요. 내면에서 올라오는 생각들을 알아차리고, 알아차린 생각들을 흘려보내고 있거든요." 실제로 그는 그 '만남' 이후에, 평생의 지긋지긋한 동반자였던 우울과 짜증과 분노가 사라졌노라 고백했다.

그의 변화는 삶의 모든 영역으로 확장되었다. 강단에서 설교를 하거나 수련회에서 기도회를 인도할 때도, 스스로 칭찬하거나 자책하는 내면의 소리를 단순하게 알아차리고 자연스레 흘려보낼 수 있게 되었다. "스스로 칭찬을 지어내지 않아도 되고, 자책하는 목소리도 줄어드니까 살 것 같아요. 그런 소리를 그대로 흘려보내니까 삶이 너무 가벼워졌어요. 자유가 이런 것인가 싶습니다. 하나님께 감사하는 마음만 샘솟듯 올라와요."

그는 자기를 다루는 오랜 경험 속에서 나날이 깊어지고 있었다. "상담은 자아를 살려 주는 것이었다면, 영성지도는 자아를 죽여서 새로운 자아를 살리는 것이었습니다." 그의 실천도 덩달아 깊어지고 있었다. "이제는 목사라는 역할보다, 하나님 안에서의 내가 누구인지 더 묻습니다. 완전하지 않아도 괜찮아요. 그저 그분 품 안에서 오늘 주어진 것들을 살아갑니다."

이 여정은 단번에 완성되지 않는다. 어떤 날은 더 큰 자유와 평화를 경험하지만, 또 어떤 날은 여전히 과거의 습관과 강박이 되살아나기도 한다. 하지만 이제 그는 더 이상 자신을 정죄하지 않는다. 실패와 성공, 전진과 후퇴가 모두 하나님과 함께하는 여정의 일부임을 알게 되었기 때문이다.

그에게 이제 중요한 것은 매 순간 하나님과 함께 머무는 것이다. 그 안에서 그는 자신의 참된 모습을 발견하고, 더 깊은 평화와 자유를 향해 한 걸음씩 나아가고 있다.

마무리

　이 장에서 우리는 '나는 누구인가'라는 근원적 질문을 시작으로, 참자아를 향한 여정을 탐구했다. 이 여정의 핵심 통찰은 다음과 같다. 첫째, 참자아는 에고의 틀을 벗어날 때 발견된다. 알리피우스 신부의 말처럼, 우리는 '빛이신 하나님의 한 줄기 광선'이며, 이는 우리의 본질적 정체성이다. 둘째, 이 여정은 부서짐을 통과한다. 베드로의 이야기가 보여 주듯, 우리의 에고가 무너지는 고통스러운 순간은 오히려 은총의 시작점이 된다. 셋째, 치유와 변화는 하나님과의 깊은 관계 속에서 일어난다. 한 목회자의 변화 이야기처럼, 역할과 성과를 넘어 하나님의 현존을 체험할 때 진정한 자유가 찾아온다. 이러한 여정의 열매는 단순한 자기 이해를 넘어선다.

　센터링 침묵기도와 영성지도가 만날 때, 우리는 더욱 명확하게 자신의 참모습을 발견하게 된다. 혼자서는 놓칠 수 있는 하나님의 섬세한 인도하심을 영성지도자와 함께 분별하며, 센터링 침묵기도 중의 경험들이 삶의 구체적 변화로 이어지는 것을 확인하게 된다. 이러한 상호보완적 관계를 통해 우리는 점차 예수 그리스도를 닮아 가며, 일상의 순간순간을 하나님의 선물로 받아들이는 성숙함에 이르게 된다. 더 나아가 이는 타인과의 관계에서도 더 깊은 이해와 연민을 가능하게 한다. 다음 장에서는 나 자신을 발견해 가는 이 여정이 심리적 이해와 신학적 통찰과 어떻게 만나고 깊어지는지 살펴보게 될 것이다.

제4장

진정한 나를 찾는 여정: 심리적, 신학적 통찰

내게 있어 성인(saint)이 된다는 것은
나 자신이 되는 것이다.
따라서 성화와 구원의 문제는
사실 내가 누구인지를 찾아내고
나의 참된 자아를 발견하는 문제이다.
- 토마스 머튼(Thomas Merton)

내면의 치유는
단순히 과거의 상처를 해결하는 것이 아니라,
하나님의 사랑 안에서
새로운 존재로 태어나는 것이다.
- 장 바니에(Jean Vanier)

심리적 통찰

내면으로의 첫걸음

심리적 통찰은 거울을 보듯 자신의 마음을 들여다보는 것에서 시작한다. 이는 단순히 과거의 상처를 떠올리는 것이 아니라, 그 상처가 지금의 삶에 어떤 영향을 주는지 이해하고 받아들이는 과정이다.

내면의 상처와 만나는 일은 때로 두렵고 힘들 수 있다. 하지만 이 과정은 하나님의 사랑 안에서 치유와 성장의 기회가 된다. 마치 상처 입은 살갗이 아프지만, 그 아픔을 통해 오히려 치유되어 가는 것과 같다.

이러한 여정은 양파 껍질을 벗기듯 층층이 자신을 발견해 가는 과정이다. 가면을 벗고, 그 안에 숨겨진 참된 자아를 만나게 된다. 때로는 눈물이 나고, 때로는 깊은 한숨이 나오지만, 그 모든 순간이 하나님과 더 깊이 연결되는 기회가 된다.

센터링 침묵기도는 이러한 내면의 여정을 돕는 구체적인 방법이다. 침묵 속에서 우리의 참자아가 더 선명하게 드러난다. 이는 단순한 명상이 아닌, 하나님의 현존 안에서 이루어지는 깊은 만남이다.

이제 우리는 이 여정의 구체적인 순간들을 함께 살펴보며, 참된 자아를 발견하고 하나님과 더 깊은 관계를 맺어 가는 방법을 알아보고자 한다.

센터링 침묵기도의 심리적 경험: 일곱 "순간들"

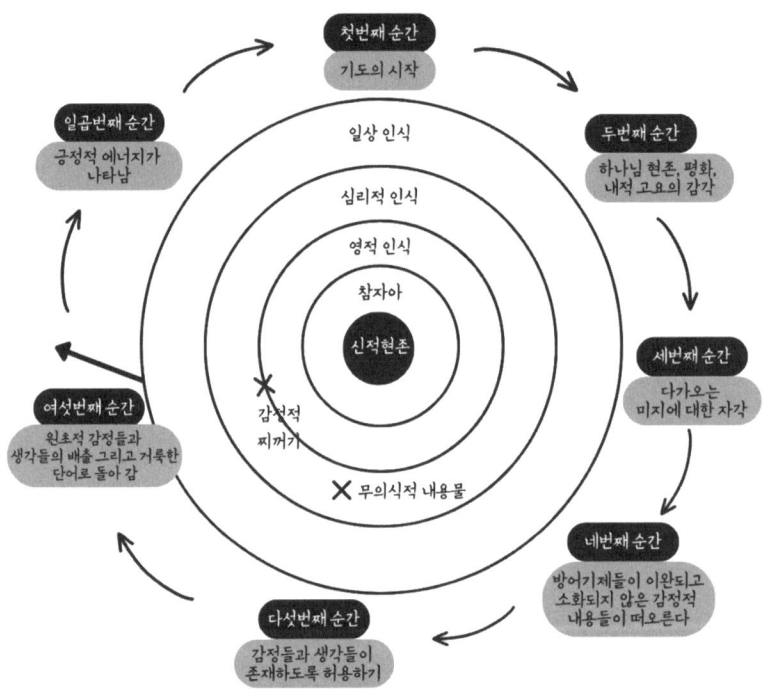

센터링 침묵기도는 깊은 호수를 들여다보는 것과 같다. 처음에는 수면만 보이지만, 점차 깊은 곳까지 들여다보며 내면의 감정과 기억을 만나게 된다. 이는 단순한 기도가 아닌, 하나님의 현존 안에서 참자아를 발견하고, 거짓 자아로부터 해방되는 여정이다.

이 기도의 궁극적 목적은 하나님과의 깊은 연합을 통해 자신, 타인, 그리고 세상과의 관계를 근본적으로 새롭게 하는 것이다. 토마스 키팅은 이 여정에서 경험하는 일곱 가지 순간을 설명하는데,* 이는 수년에 걸쳐 천천히 일어날 수도 있고 단 20분의 기도 시간 동안에 일어날 수도 있다.

첫 번째 순간: 거룩한 단어와의 만남(SACRED WORD)

고요한 새벽 방 안에서 '사랑'이나 '평화'와 같은 거룩한 단어를 마음에 품는다. 이는 하나님께 첫 인사를 건네는 것과 같다. 처음에는 어색하게만 느껴지던 단어가 점차 내 호흡이 되어 간다. 마음이 분주할 때마다 이 단어는 나를 다시 하나님 앞으로 이끄는 닻이 된다.

두 번째 순간: 깊어지는 휴식(REST)

마음의 파도가 잦아들며 깊은 평화가 찾아온다. 이는 단순한 육체의 휴식이 아닌, 영혼의 쉼이다. '오늘도 할 일이 많은데…'라는 생각들이 구름처럼 흘러가고, 깊은 고요가 찾아온다. 평소의 잠으로는 풀 수 없었던 내면의 매듭이 서서히 풀어지는 것을 느낀다.

세 번째 순간: 불안의 깨어남(UNEASINESS)

깊어진 침묵 속에서 불현듯 가슴이 답답해진다. 오래된 서랍을 여는 것처럼, 묻어 두었던 감정들이 올라오려 할 때의 불안이다. 과거의 실패, 현재의 갈등, 미래에 대한 걱정이 한꺼번에 밀려온다. 이 불안은 마치 아픈

---

* 토마스 키팅, "센터링 침묵기도의 일곱 순간들: 토마스 키팅이 센터링 침묵기도의 내면적 과정을 7단계로 설명한 강의 시리즈", Contemplative Outreach (2025년 6월 11일 접속), https://www.contemplativeoutreach.org.

부위를 발견했을 때처럼, 내면의 상처를 알리는 신호다.

네 번째 순간: 내면의 쏟아 냄(UNLOADING)

방어의 벽이 허물어지며 억눌렀던 감정들이 물밀듯이 올라온다. 어린 시절 부모님의 큰 다툼을 목격했던 날의 무력감과 공포가 생생하게 되살아난다. 학창 시절 친구들 앞에서 느꼈던 수치심, 첫 직장에서의 실패, 관계의 상처들이 차례로 떠오른다. 이때는 이성적 분석을 하려 하지 않고, 그저 거룩한 단어를 부드럽게 되뇌며 이 감정들이 흐르도록 둔다. 그때는 너무 고통스러워 재빨리 묻어 버렸던 감정들이, 이제는 하나님의 현존 안에서 안전하게 드러난다. 때로는 울음이 나오고 때로는 분노가 차오르지만 이 모든 것이 치유의 과정임을 알게 된다.

다섯 번째 순간: 깊어지는 수용(ACCEPTANCE)

떠오르는 감정들을 판단하거나 억누르지 않고 그대로 바라본다. 어린 시절의 두려움도, 현재의 불안도 모두 있는 그대로 받아들인다. 따스한 햇볕 아래 누워 있듯, 하나님의 현존 안에서 이 모든 감정을 느낀다. 때로는 거룩한 단어조차 잊힐 만큼 감정이 강렬할 때도 있지만, 그저 그 감정과 함께 하나님 앞에 머무른다.

여섯 번째 순간: 내면의 정화(EVACUATION)

점차 감정의 폭풍이 잦아들며, 내면이 맑아지기 시작한다. 비가 그친 뒤의 하늘처럼 마음이 깨끗해진다. 오랫동안 짊어졌던 감정의 짐을 내려놓은 듯 가벼워지며, 그 자리를 맑은 생명력이 채우기 시작한다.

일곱 번째 순간: 새로움의 순간(RENEWAL)

마치 동이 트듯 내면에 새로운 빛이 들어온다. 자신의 모습, 하나님의 현존, 삶의 의미가 새롭게 보인다. 예전의 상처가 완전히 사라진 것은 아니지만, 이제는 그것을 바라보는 눈이 달라졌다. 일상으로 돌아갈 준비를 하며, 이전과는 다른 평화와 자유를 경험한다.

이러한 일곱 순간들은 반드시 순서대로 오지 않는다. 때로는 한 순간이 반복되기도 하고, 어떤 순간은 생략되기도 한다. 중요한 것은 각각의 순간이 우리를 더 깊은 자아와 하나님께로 이끈다는 점이다.

이 일곱 순간을 이해하는 것은 마치 어두운 숲속을 걸을 때 지도를 갖고 있는 것과 같다. 각각의 순간은 우리 내면에서 일어나는 심리적, 영적 변화의 중요한 이정표가 되어 준다. 때로는 기도 중에 경험하는 불안, 두려움, 혼란이 무의미하게 느껴질 수 있지만, 이러한 경험들은 우리의 영적 성장과 치유 과정의 자연스러운 부분이다. 이러한 깨달음은 우리를 더욱 깊이 하나님과 연결하고, 우리의 삶을 사랑과 은혜로 변화시키는 근본적인 힘이 된다. 결국 이는 우리가 외적 환경에 흔들리지 않는 참자아로 살아가도록 이끄는 소중한 영적 여정이다.

인식의 네 수준: 일상에서 참자아를 만나는 영적 여정

우리가 세상을 인식하는 방식은 단순히 경험을 해석하는 도구가 아니라, 자신을 이해하고 하나님과 더 깊이 연결될 수 있는 길이다. 토마스 키팅은 우리의 인식을 네 가지 수준으로 설명하면서 일상적인 경험에서 가장 깊은 영적 깨달음에 이르는 여정을 제시한다. 이 여정은 우리의 삶에 얽힌 의미를 발견하고, 내면의 상처와 감정을 치유하며, 참된 자유와 평화를 향해 나아가는 데 도움을 준다.

이러한 인식의 수준들(Levels of Awareness)*은 관상기도나 센터링 침묵기도를 통해 자연스럽게 드러나고 깊어질 수 있다. 한 직장인의 구체적인 경험을 통해 이를 살펴보자.

한 직장인이 동료에게 부정적인 피드백을 받고 강한 불쾌감과 분노를 느낀 경우를 생각해 보자. 그가 센터링 침묵기도를 통해 이 경험을 하나님께 가져갈 때, 다음과 같은 네 가지 인식의 단계를 거치게 된다.

① 일상 인식(Ordinary Awareness)

기도를 시작하면서, 그는 먼저 자신의 감정을 단순히 관찰한다. '왜 저 동료가 나에게 이런 말을 했지?'라는 생각이 떠오르고, 그로 인한 짜증과 불편함이 느껴진다. 이때 그는 이러한 생각과 감정을 억누르려 하지 않고, 단순히 인식하며 거룩한 단어를 통해 다시 하나님께 초점을 맞춘다. 이것이 일상적인 반응과 감정을 인식하는 첫 단계다.

② 심리적 인식(Psychological Awareness)

기도가 깊어지면서 그는 더 깊은 통찰을 얻는다. 자신이 단순히 피드백 자체에만 반응한 것이 아니라, 과거의 상처가 현재 상황에 영향을 미쳤음을 깨닫게 되는 것이다. 어린 시절 부모로부터 반복적으로 비난받았던

---

* 토마스 키팅, "The Levels of Awareness", Contemplative Outreach (2025년 6월 11일 접속), https://www.contemplativeoutreach.org.

기억이 떠오르며, '나는 언제나 부족하다는 말을 들어 왔어'라는 알아차림과 함께 억눌린 감정이 드러난다. 그는 이러한 통찰을 하나님께 맡기며 기도한다. "하나님, 이 상처를 드러내 주셔서 감사합니다. 제 안에 있는 이 무거운 감정을 당신께 드립니다."

③ 영적 인식(Spiritual Awareness)

억눌린 감정이 정화되기 시작하면서, 그는 하나님의 현존과 사랑을 더욱 깊이 체험하게 된다. 하나님께서 자신을 무조건적으로 사랑하신다는 확신이 생기고, 그의 내면에 평화가 찾아온다. "나는 하나님 안에서 사랑받는 존재다. 나의 가치는 타인의 평가가 아니라 하나님의 사랑에 있다"라는 믿음이 그의 마음을 채운다.

④ 참자아 인식(Awareness of the True Self)

기도의 깊은 단계에 이르러 그는 자신의 참된 모습을 발견하게 된다. 더 이상 외부의 비판이나 자신의 불완전함에 묶이지 않고, 하나님 안에서 자유와 평화를 누린다. "내 가치는 성과나 타인의 인정에 있지 않다. 나는 하나님께 창조된 그대로 충분한 존재다"라는 깨달음이 그의 삶을 새롭게 한다.

이러한 과정은 관상기도나 센터링 침묵기도를 꾸준히 실천할 때 자연스럽게 일어난다. 기도는 단순히 평화를 구하는 활동이 아니라, 일상적인 감정을 인식하고, 억눌린 상처를 드러내며, 하나님의 사랑 안에서 그것을 정화하는 여정이기 때문이다.

이 여정에서 우리는 자신의 상처와 감정을 떠올리는 것에서 더 나아가,

그것을 하나님께 온전히 맡기며 깊은 치유를 경험하게 된다. 이는 표면적인 문제 해결을 초월하여, 우리의 참된 자아를 발견하고 하나님과의 깊은 연결 속에서 새로운 삶의 방식을 찾아가는 과정이다. 마치 씨앗이 흙 속에서 자라나 꽃을 피우듯, 우리의 내면도 하나님의 사랑 안에서 점차 아름답게 피어나는 것이다.

관상기도와 센터링 침묵기도는 우리의 일상적인 경험을 하나님께 맡기고, 심리적 통찰과 영적 깨달음을 통해 참자아를 발견하게 돕는 영적 여정이다. 이는 억눌린 상처를 치유하며, 하나님의 사랑 안에서 자유와 평화를 누리게 하는 과정이다. 이러한 기도는 영적 수련의 차원을 넘어, 우리의 삶을 새롭게 하고 하나님과의 깊은 일치를 이루는 길로 인도한다.

현존의 기도, 치유의 여정

센터링 침묵기도는 단순히 평화를 찾는 수련이 아니다. 우리의 내면에 쌓인 억눌린 감정과 상처를 드러내고 하나님께 맡기는 깊은 치유와 변화를 위한 여정이다. 이 기도를 통해 우리는 내면 깊숙이 숨겨 둔 것들과 마주하게 된다.

기도가 깊어질수록 우리의 인식도 확장되어 하나님의 현존을 더욱 깊이 체험하며, 내면의 평화와 자유를 경험할 수 있다. 센터링 침묵기도 중 떠오르는 불편한 기억과 감정은 마치 쌓여 있던 '감정적 쓰레기'와 같다. 이는 우리의 마음을 무겁게 하고 평화를 방해하지만, 이 기도는 이러한 감정들을 마주하고 정화할 소중한 기회를 제공한다.

앞에서 예를 든 직장인의 경우, 과거의 상처가 현재의 관계와 감정에

미치는 영향을 이해하고, 하나님의 사랑 안에서 다시 내면을 바라보게 되는 과정을 통해 마음이 가벼워지고 진정한 평화를 누리게 된다. 이는 마치 무거운 짐을 내려놓는 것과 같은 해방감을 준다.

심리적 통찰은 이 여정에서 중요한 역할을 한다. 억눌린 감정을 이해하고, 그것이 현재 우리의 삶에 어떤 영향을 미치는지 깨닫는 통찰은 치유와 성장의 시작점이다. 이는 영원한 사랑의 순환 속에서 정화되고 변형되는 영적 성장의 계기가 된다.

센터링 침묵기도와 관상기도는 이러한 심리적 통찰과 영적 체험을 통합적으로 경험하게 한다. 이 기도들은 우리의 일상적인 경험을 하나님의 은혜와 연결하며, 억눌린 감정과 욕구를 정화하고 내면의 치유를 가져온다. 이를 통해 우리는 더 이상 외부의 평가나 과거의 상처에 얽매이지 않고, 참된 자아를 발견하며, 하나님과의 깊은 일치를 이루게 된다.

우리의 의식은 일상적인 것에서 심리적, 영적, 신적인 차원으로 확장되며, 하나님의 현존 속에서 새로운 깨달음과 믿음을 얻게 된다. 이러한 여정에서 나타나는 평화와 사랑, 소망의 열매는 우리의 힘이나 노력만으로는 이룰 수 없는 하나님의 은혜며, 진정한 자유를 누리게 하는 선물이다.

따라서 인식의 수준과 심리적 통찰은 하나님의 현존을 통해 우리를 치유하고 새롭게 하며, 삶의 진정한 의미와 풍요를 발견하게 하는 도구다. 이 여정을 꾸준히 걸어갈 때, 우리는 삶의 어려움 속에서도 하나님 안에서 참된 평화를 경험하며, 사랑의 열매를 맺는 존재로 변화하게 된다.

신학적 통찰

침묵 속에서 만나는 하나님

토마스 키팅은 그의 저서 『하나님과의 친밀』(Intimacy with God)에서 침묵의 신학적 의미를 깊이 있게 탐구하고 있다. 그의 통찰에 따르면, 침묵은 깊은 진리를 발견하는 문이다. 우리가 바쁜 일상을 멈추고 침묵에 잠길 때, 영혼은 하나님의 음성에 귀 기울일 수 있는 자리를 찾는다. 이는 단순한 휴식이나 명상이 아닌, 살아 계신 하나님과의 깊은 만남이다.

신학적 통찰은 이 만남의 본질을 세 가지 차원에서 드러낸다.

① 삼위일체 하나님의 현존

성부, 성자, 성령은 완전한 사랑의 일치 속에서 서로를 향해 끊임없이 자신을 내어 주신다. 이를 신학에서는 페리코레시스(Perichoresis, 상호내주)라고 부른다. 페리코레시스는 '함께 춤추다'라는 그리스어에서 유래했는데, 이는 마치 세 위격이 서로 사랑으로 춤추며 하나가 되는 것과 같다. 이 신적인 사랑의 춤이 모든 영성의 원형이 되며, 우리도 이 사랑의 순환에 초대받는다.

② 그리스도의 케노시스(Kenosis, 자기 비움)

케노시스는 '비우다'라는 그리스어에서 온 말로, 그리스도께서 자신의 신적 특권을 내려놓고 인간이 되신 것을 의미한다. 그리스도께서는 자신을 완전히 비우심으로써 하나님과 인간 사이의 새로운 관계를 여셨다. 마치 항아리가 비워져야 새 것을 담을 수 있듯이, 우리도 이 케노시스의 여정에 동참하여 자아를 비우고 하나님의 사랑으로 채워지는 변화를 경험한다.

③ 성령을 통한 하나님 나라의 실현

개인의 내적 변화는 필연적으로 공동체의 갱신으로 이어지며, 이는 하나님의 새로운 창조를 향한 여정의 일부가 된다. 성령은 이 변화의 능력이자 인도자시다.

이러한 키팅의 신학적 통찰은 관상 지원단(Contemplative Outreach)의 사명 선언문에서도 분명히 드러난다.

> "센터링 침묵기도는 살아 계신 그리스도와의 깊은 일치를 통해 드러나는 복음의 관상적 차원을 지향한다. 이는 성령의 부르심에 응답하여 내 안에 현존하시고 활동하시는 하나님께 동의하는 것이다."*

---

* Contemplative Outreach, "Mission Statement," (2025년 6월 11일 접속), https://www.contemplativeoutreach.org/vision/.

여기서 '관상적 차원'이란 머리로 이해하는 것을 넘어 마음으로 직접 체험하는 것을 말한다. 마치 사랑하는 이의 얼굴을 바라보듯 하나님을 깊이 바라보고 그분의 현존을 느끼며, 말씀을 통해 배운 진리를 가슴으로 깊이 경험하는 것이다. 예를 들어, "하나님은 사랑이시다"라는 말씀을 지적으로 아는 것이 아니라, 침묵 속에서 그 사랑을 직접 맛보고 체험하는 것이 관상적 차원이다.

이 선언은 우리를 하나님의 사랑의 신비 안으로 이끄는 나침반이 된다. 센터링 침묵기도는 마음의 평화를 찾는 것을 넘어, 삼위일체 하나님의 생명과 사랑에 실제로 참여하도록 초대한다. 우리가 침묵 속에서 자신을 비울 때, 그 빈자리를 하나님의 사랑이 채우시고, 그 사랑이 우리를 통해 세상으로 흘러나가게 되는 것이다.

하나님의 사랑의 춤에 초대받다

매일 아침 해가 떠오르듯, 삼위일체 하나님의 사랑은 우리 삶의 모든 순간에 현존한다. 이는 단순한 비유가 아닌 가장 근본적인 실재다. 리처드 로어가 『하느님과 춤을』(Divine Dance)에서 설명했듯이, 삼위일체는 "영원한 사랑의 춤"이며, 이것이 모든 존재의 근원적 패턴이다.

삼위일체의 본질은 페리코레시스, 즉 상호 내주의 신비다. 성부, 성자, 성령은 완전한 사랑 안에서 서로를 향해 끊임없이 자신을 내어 주며, 동시에 서로 안에 온전히 거하신다. 이는 단순한 관계가 아닌, 완전한 일치 속의 구별됨이라는 역설적 신비를 보여 준다. 로어의 말처럼 "삼위일체는 우리가 이해해야 할 교리가 아니라, 우리가 참여해야 할 실재"인 것이다.

하나님의 내적 생명은 끊임없는 자기 비움과 사랑의 순환이며, 우리는 이 거룩한 춤에 초대받았다. 이 신적 사랑의 순환은 우리 존재의 가장 깊은 모델이 되며, 우리의 영성을 형성하는 근본적 패턴이 된다. 센터링 침묵기도는 바로 이 삼위일체의 춤으로의 초대다. 우리가 침묵 속에서 자아를 비울 때, 그 빈 공간을 채우시는 분은 삼위일체 하나님이시다. 마치 메마른 땅에 봄비가 스며들듯, 하나님의 사랑이 우리 존재의 가장 깊은 곳까지 적신다.

이 사랑은 우리의 일상에서 구체적으로 체험된다. 새벽녘 첫 기도로 하루를 시작하는 순간, 우리는 이미 이 사랑의 순환 속에 있다. 성부는 우리를 영원한 사랑으로 품으시고, 성자는 우리와 동행하면서 자신의 생명을 나누시며, 성령은 우리 안에서 하나님의 사랑을 부어 주신다.

토마스 머튼이 지적했듯이, "기도는 우리의 노력이 아닌, 이미 우리 안에서 역사하시는 성령의 활동에 깨어나는 것"이다. 이러한 깨어남은 우리를 단순한 부정이 아닌 적극적인 열림으로, 자학이 아닌 사랑을 향한 준비로, 상실이 아닌 더 큰 충만을 위한 과정으로 이끈다.

어떤 목자의 고백이 이를 잘 보여 준다. "매일 아침 침묵 속에서 보내는 시간이 점차 하루 전체를 변화시키기 시작했어요. 봄날의 따스한 햇살이 땅을 데우듯, 하나님의 사랑이 제 일상의 모든 순간을 적시기 시작했죠. 특히 어려운 관계에서도 그 사랑이 흘러 나가는 것을 경험하게 되었습니다."

비움과 채움의 역설: 그리스도를 따르는 길

"이제는 내가 사는 것이 아니요 오직 내 안에 그리스도께서 사시는 것이라."(갈 2:20) 이 바울의 고백은 우리가 걸어가야 할 영성의 핵심을 보여 준다. 그리스도와의 연합은 단순한 이상이 아닌, 케노시스를 통해 실현되는 구체적 여정이다. 이는 세례를 통해 우리가 이미 그리스도와 함께 죽었고, 그분 안에서 새로운 생명으로 다시 태어났음을 의미한다.

케노시스는 그리스도의 자기 비움의 신비다. 이는 하나님의 영원한 본성을 가장 극적으로 드러내는 사건이다. 빌립보서의 증언처럼, "그는 근본 하나님의 본체시나 하나님과 동등됨을 취할 것으로 여기지 아니하시고 오히려 자기를 비어 종의 형체를 가지사 사람들과 같이 되셨다."(빌 2:6-7) 이는 단순한 역사적 사건이 아닌 삼위일체 하나님의 본질적 특성을 보여 준다.

"내 뜻대로 마시고 아버지의 뜻대로 하소서"라는 겟세마네 동산에서의 기도는 자신의 두려움과 고통을 하나님께 맡기는 완전한 비움이었다. 그리스도께서는 십자가에 이르기까지 순종하심으로 케노시스의 완성을 이루셨고, 이는 하나님 사랑의 최고 표현이 되었다.

이러한 비움의 여정은 우리의 내면에 깊은 변화를 가져온다. 거짓된 자아의 껍질이 벗겨지며 그리스도 안에서 참된 자아가 모습을 드러낸다. 오랫동안 간직해 온 어린 시절의 상처나 현재의 고통이 십자가 앞에서 치유되기 시작한다. 텅 비워진 내면은 하나님의 사랑으로 새롭게 채워지며 깊은 평화를 경험하게 된다. 과거의 상처와 한계마저도 하나님의 자비와 용서 안에서 새롭게 받아들이게 된다.

토마스 키팅은 센터링 침묵기도가 이러한 신비를 일상에서 실현하는 구체적 방법이라고 말한다. 우리는 매 순간 그리스도와 함께 죽고 다시 사는 세례의 신비를 체험하며, 내면의 소음과 욕망, 집착을 하나씩 내려놓고 하나님의 현존 안에 머무는 훈련을 하게 된다. 신시아 부조(Cynthia Bourgeault)가 말했듯이, 이는 "비움을 통해 하나님의 사랑으로 채워지는" 끝없는 순환의 여정이다.

한 사모의 고백이 이를 잘 보여 준다. "처음에는 자신을 비운다는 것이 두려웠습니다. 마치 정체성을 잃어버릴 것 같았죠. 하지만 점차 그 비움이 채움의 시작이라는 것을 깨닫게 되었습니다. 예수님의 길을 따르는 것이 역설적으로 제 진정한 자아를 찾아가는 여정이 되었고, 내면의 상처들이 치유되는 것을 경험하게 되었습니다."

고독에서 연대로: 센터링 침묵기도의 공동체적 차원

토마스 머튼의 말처럼 "어느 누구도 혼자 기도할 수 없다." 이는 기도의 본질적 특성을 보여 준다. 깊은 영성은 자연스럽게 공동체성으로 확장된다. 이는 삼위일체 하나님의 본성이 우리 안에서 실현되는 방식이며, 페리코레시스의 사랑이 우리를 통해 세상으로 흘러가는 길이다.

센터링 침묵기도의 특별한 역설은 깊은 고독이 오히려 보편적 연대성으로 이어진다는 점이다. 한 목자는 이렇게 말한다. "처음에는 혼자만의 시간이라고 생각했는데, 깊은 침묵 속에서 오히려 다른 이들과 더 깊이 연결되는 것을 느꼈어요. 마치 우리가 모두 같은 생명의 나무에 연결된 가지들처럼 느껴졌죠."

한 그루의 나무가 땅 속 깊이 서로 연결된 뿌리를 가진 것처럼, 우리도 서로 깊이 연결되어 있음을 깨닫게 된다. 자아의 경계가 녹아내리며 보편적 연대성을 체험하게 되고, 이는 실제 삶에서 타인을 향한 더 깊은 이해와 공감으로 이어진다.

이러한 연대성은 우리의 삶에 구체적인 변화를 가져온다. 가족과의 관계가 치유되고 회복되며, 이웃을 향한 연민과 이해가 깊어진다. 사회적 정의와 생태적 책임에 대한 민감성이 자라나고, 모든 피조물과의 연결성을 더 깊이 인식하게 된다.

이러한 공동체성의 체험은 개인의 변화를 넘어 새로운 창조를 향해 나아간다. 우리는 하나님의 지속적인 창조 사역에 동참하는 통로가 되며, 세상을 향한 하나님의 사랑이 우리를 통해 자연스럽게 흘러간다. 정의와 평화를 향한 구체적 실천이 일상에서 시작되고, 모든 피조물과의 연대성이 깊어진다.

한 목회자의 경험이 이를 잘 보여 준다. "침묵 속에서 하나님의 창조세계와 깊이 연결되는 것을 느꼈어요. 매일 아침 새소리에 귀 기울이게 되고, 꽃과 나무들이 이전과 다르게 보이기 시작했죠. 점차 우리가 이 아름다운 세상을 얼마나 함부로 대해 왔는지 깨닫게 되었고, 작은 실천들이 자연스럽게 시작되었습니다. 기도는 더 이상 혼자만의 시간이 아니라, 모든 존재와 함께하는 거룩한 만남이 되었습니다."

이처럼 센터링 침묵기도는 삼위일체의 사랑에 참여하여, 그리스도와의 연합을 이루고, 마침내 모든 존재와의 깊은 연대성으로 나아가는 거룩한 여정이다. 이는 개인의 변화를 넘어 세상을 향한 하나님의 사랑이 흘러가는 통로가 되며, 새로운 창조에 동참하는 길이 된다. 토마스 머튼의 말처럼 "우리가 자신을 비울 때, 하나님의 사랑이 우리 안에 온전히 흘러들어와 세상을 향해 흘러나간다." 이것이 바로 센터링 침묵기도가 우리를 이끄는 영성의 궁극적 지평이다.

통합된 영성의 길로의 초대

센터링 침묵기도는 단순한 기도 방법이나 영성 훈련을 넘어서는 총체적 여정이다. 이는 하나님의 영원한 사랑의 신비에 참여하도록 우리를 이끄는 길이며, 동시에 깊은 내적 변화와 공동체적 갱신을 향한 초대다. 이 여정은 세 가지 차원에서 우리를 변화시킨다.

첫째, 삼위일체 하나님의 사랑의 춤에 참여하게 한다. 성부, 성자, 성령의 페리코레시스는 우리 영성의 근본 모델이 된다. 이 사랑의 순환은 우리의 내면을 새롭게 하며, 하나님의 현존 안에서 살아가는 법을 가르친다. 우리는 침묵 속에서 이 영원한 사랑의 리듬을 배우고, 그 안에서 참된 자유를 발견한다.

둘째, 그리스도의 케노시스를 통해 참된 자아를 발견하게 한다. 우리는 자기를 비우신 예수님을 따라 거짓 자아를 내려놓고, 하나님 안에서 새로운 생명을 발견한다. 이는 마치 씨앗이 땅에 떨어져 죽은 후 새 생명으로 자라나듯, 우리도 그리스도와 함께 죽고 다시 사는 신비를 체험하는 과정이다.

셋째, 개인의 고독이 역설적으로 깊은 연대로 이어진다. 침묵 속에서 만나는 하나님의 사랑은 자연스럽게 이웃과 모든 피조물을 향한 구체적 관심과 실천으로 흘러간다. 이는 단순한 사회적 활동이 아닌, 하나님의 사랑이 우리를 통해 세상으로 흘러가는 영적 여정이다.

　이처럼 센터링 침묵기도는 개인의 내적 변화, 공동체적 쇄신, 그리고 우주적 화해를 아우르는 통합된 영성의 길이다. 우리는 침묵 속에서 하나님의 음성을 듣고, 케노시스를 통해 그리스도와 하나 되며, 성령의 인도하심을 따라 새로운 창조의 비전을 향해 나아간다. 이는 하나님의 더 큰 이야기에 동참하는 거룩한 여정이며, 우리를 더 깊은 사랑의 신비로 이끄는 영원한 초대다.

3

자주 묻는 질문과 답변

신체적/심리적 경험

기도 중의 신체 반응과 치유

Q: 첫째 날 기도 중에 양쪽 팔에서 따끔한 증상과 간지러움이 있었고, 반응을 하지 않으려 했으나 증상이 심해졌습니다. 기도가 깊어지면서 증상이 완화되었으며, 환대 기도를* 하자마자 증상이 사라졌습니다. 또한 정신과 약을 복용 중인데도 불구하고 기도 후 수면이 좋아졌습니다. 이러한 신체적 반응과 변화가 기도와 어떤 관계가 있는지, 신체의 치유가 하나님의 임재와 관련이 있는지 궁금합니다.

A: 기도의 여정은 때로 우리의 가장 깊은 내면까지 울려 피지는 치유의 파도와 같습니다. 양쪽 팔의 따끔거림과 간지러움은 단순한 물리적 증상을 넘어, 영적 치유의 섬세한 신호일 수 있습니다. 이러한 신체적 반응은 마치 오랫동안 닫혀 있던 내면의 문이 조금씩 열리는 순간과 같습니다.

---

* 환대 기도는 하나님의 무조건적인 사랑을 받아들이고, 그 사랑을 통해 자신의 감정과 생각을 환대하며, 다른 사람들도 같은 마음으로 환영하는 기도다. 환대 기도에 대한 내용은 이 책 부록에 간략히 소개되어 있다.

증상이 기도의 깊이에 따라 변화하고, 특히 환대 기도와 함께 사라진 경험은 깊은 의미를 담고 있습니다. 이는 하나님의 임재가 우리의 온전한 존재(몸과 마음, 영혼)와 만나는 순간입니다.

수면의 개선은 기도가 우리의 내면 깊숙이 작용하고 있음을 나타내는 또 다른 증거입니다. 하나님의 치유는 조용하고 부드럽게, 때로는 예상치 못한 놀라운 방식으로 우리에게 찾아옵니다.

신체 반응의 의미

Q: 몸의 불편함이나 간지러움이 기도 중에 발생하는데, 이것이 몸의 저항일까요? 증상이 도중에 사라지기도 하는데, 그 의미는 무엇인가요?

A: 기도 중 몸이 보내는 신호들은 마치 깊은 내면의 속삭임과 같습니다. 불편함과 간지러움은 저항의 표시가 아니라, 변화를 준비하는 우리 존재의 섬세한 언어입니다. 이는 몸이 영적 여정에서 내적 변형(transformation)을 경험하는 과정에서 나타나는 자연스러운 반응입니다.

이런 감각들은 마치 파도가 해변에 부드럽게 닿았다가 물러나는 것처럼, 우리의 내면에 숨겨진 에너지와 감정이 흐르기 시작하는 징후일 수 있습니다. 스트레스, 감정, 억눌렸던 내적 경험들이 기도를 통해 조용히 해소되고 있는 것입니다.

증상이 사라지는 것은 몸과 영혼이 서로에게 적응하고, 치유의 리듬을 찾아가는 과정입니다. 이는 자연스러운 영적 성장의 한 부분이며, 우리의 내면이 더 깊은 평화를 향해 나아가고 있다는 신호일 수 있습니다.

환대 기도에 대한 저항감

Q: 환대 기도를 시도할 때, 처음에는 거부감이 들고 몸도 조금 반응을 하는 것 같습니다. 특별히 아픈 곳이 없어서 이 기도를 해야 할 이유를 잘 느끼지 못하고 있습니다. 이런 저항감이 있을 때, 환대 기도를 계속해야 하는 이유와 효과는 무엇인지 궁금합니다.

A: 환대 기도는 하나님께 우리의 모든 부분을 내어 드리는 기도입니다. 처음에 거부감이 들거나 몸이 반응하는 것은 자연스러운 현상입니다. 이런 감정이 생길 때, 기도를 계속하는 것은 중요한 영적 연습이 될 수 있습니다.

환대 기도는 우리가 자신을 하나님 앞에 완전히 열어 드리고, 그분의 사랑과 치유를 경험하는 방법입니다. 이 기도는 단순히 아픈 부분만을 다루는 것이 아니라, 우리의 존재 전체가 하나님의 손길 안에 머물도록 이끌어 줍니다. 거부감이 있을 때, 이는 하나님께서 당신의 마음과 몸을 더욱 깊이 치유하고자 하시는 과정일 수 있습니다.

멍때리기와 거룩한 단어 사용의 차이

Q: '멍때린다'는 표현은 편안한 상태에서 아무 생각 없이 시간을 보내는 것인데, 그것과 센터링 침묵기도 중에 '거룩한 단어'를 사용하는 것의 차이가 무엇인지 궁금합니다. 그리고 무장해제라는 단어를 '거룩한 단어'로 사용해도 되는지 알고 싶습니다.

A: 멍때리기는 생각을 멈추고 편안히 시간을 보내는 상태입니다. 이는 일시적인 평온함을 제공할 수 있지만, 신앙적 의도나 영적 성장을 포함하지 않습니다.

반면 '거룩한 단어'를 사용하는 기도는 의도적으로 하나님과의 깊은 교제를 추구합니다. '거룩한 단어'를 반복함으로써 우리는 신성한 존재와의 교제를 이루고, 내면의 깊은 성장을 경험할 수 있습니다. 이 기도는 단순한 편안함을 넘어서, 신앙적 목표와 목적을 가지고 있습니다.

'무장해제'는 '평화'나 '안식'과 같은 두 음절 단어로 줄일 수 있습니다. 이러한 단어들은 내면의 방어를 풀고 신성과의 깊은 교제를 목표로 하는 개념을 간결하게 표현합니다.

영적 깨달음과 변화

세계를 품는 중보기도

Q: 요즘 센터링 침묵기도를 하면서 중보기도를 하고 싶다는 마음이 들었습니다. 이전에 목사님이 이 기도가 세계를 품는 기도가 될 수 있다고 하신 기억이 납니다. 저도 그렇게 해 보고 싶은데 어떻게 하는 건지 궁금합니다.

A: 센터링 침묵기도를 하면서 우리는 하나님과 깊이 연결되기를 원합니다. 이 기도는 개인적인 기도를 넘어서서, 하나님과의 관계를 통해 세상의 모든 것과 연결되는 경험을 제공합니다. 하나님이 우리 안에 계심을 받아들이는 것은 모든 생명과 피조물의 깊은 실재와 연결된다는 것을 의미합니다.

기도하는 동안 우리는 내면을 비우고 세상의 필요를 함께 품게 됩니다. 이렇게 의도적으로 기도할 때, 우리의 기도는 우리 자신만을 위한 것이 아닌 온 인류를 위한 기도로 확장됩니다.

토마스 키팅은 이렇게 말합니다. "센터링 침묵기도는 당신을 하나님께 열어 드림으로써 과거, 현재, 미래의 모든 사람을 위한 기도가 됩니다. 당신은 온 피조 세계를 껴안고, 하나님과 함께 평소에는 의식하지 못했던 영적 차원에서 모든 실재를 품으며 기도하고 있는 것입니다."

관상기도의 깨달음

Q: 강의를 들으면서 '내가 생각을 많이 붙잡았구나. 이게 다 생각이었구나. 관상이라는 게 지향점이 제일 중요하구나. 믿음으로 살아가는 방식에 기도도 다 포함되어 있는데 분리되어 있었구나. 느낌이 하나님의 현존에서 나오는 부산물이었는데, 거기에 그렇게 붙잡혀서 반응하고 있었구나' 하는 깨달음이 왔습니다. 아직도 관상이 어렵긴 합니다. '그렇다면 더 배워 봐야겠다. 하나씩 더 깨달아 가면서, 아직은 결론 내리지 말자.' 이런 생각이 들었습니다.

A: 깨달음이 깊고 섬세합니다. 관상기도는 단순한 기술이나 방법이 아니라, 하나님과의 친밀한 관계를 경험하는 영적 여정입니다.

인식하신 것처럼, 관상기도의 본질은 생각을 통제하거나 붙잡는 것이 아니라, 하나님의 현존 안에 온전히 머무는 것입니다. 감정이나 느낌에 얽매이기보다는 하나님과의 깊은 교제에 집중하는 것이 중요합니다.

아직 관상기도가 어렵게 느껴지는 것은 자연스러운 현상입니다. 영적 성장은 점진적이며, 서두르지 않고 천천히 배우고 경험하는 과정입니다. 결론을 내리려고 서두르기보다는 열린 마음으로 계속 탐구하고 체험하시기 바랍니다.

하나님의 내적 치유

Q: 센터링 침묵기도를 통해 생각을 떠나보내는 과정에서 치유가 일어나는지 궁금합니다. 기도 중에 우리의 생각을 떠나보내는 데 하나님이 어떻게 일하시는지, 그리고 그 과정에서 하나님께서 우리의 내면에 치유를 일으키시는 것인지 알고 싶습니다.

A: 센터링 침묵기도는 우리의 내면을 하나님께 온전히 내어 드리는 영적 여정입니다. 이 기도의 본질은 단순히 생각을 떠나보내는 것이 아니라, 하나님의 치유하시는 임재 안으로 깊이 들어가는 것입니다.

키팅이 강조했듯이, 이 기도는 우리의 내면 깊은 곳에 있는 상처, 두려움, 불안을 하나님의 사랑 안에서 점진적으로 치유받는 과정입니다. 생각을 떠나보내는 것은 단순한 기술적 행위가 아니라, 스스로를 하나님의 무조건적인 사랑에 완전히 내어 맡기는 영적 행위입니다.

치유는 대개 즉각적이지 않습니다. 오히려 꾸준한 침묵과 기도를 통해 점차 우리의 내면에 하나님의 평화와 치유가 스며들게 됩니다. 이 과정에서 우리는 자신의 생각과 감정을 인정하면서도, 동시에 그것들에 지배되지 않고 하나님의 더 깊은 사랑으로 나아갑니다.

중요한 것은 결과를 강요하지 않고, 하나님의 때와 방식을 신뢰하는 것입니다. 센터링 기도는 치유의 한 통로일 뿐, 궁극적인 치유자는 하나님이시기 때문입니다.

일상에서의 적용

일상 속 적극적 기도

Q: 일상적인 활동 중에, 예를 들어 뜨개질이나 설거지와 같은 루틴 작업을 할 때, 반복적으로 기도를 되뇌는 것이 기도하는 방법으로 적절한지 궁금합니다. 이러한 방식이 골방에서의 기도와 어떻게 다르고, 하나님의 현존을 계속해서 알아차리는 데 어떤 역할을 하는지 알고 싶습니다.

A: 적극적 기도(Active prayer)는* 하나님의 현존에 계속 머물 수 있도록 해 주는 중요한 방법입니다. 일상적인 활동 중의 기도는 하나님과의 관계를 생생하게 이어 가는 의미 있는 실천이며, 우리가 일상 속에서 하나님과 계속 연결될 수 있게 도와줍니다.

골방기도와 일상 활동 중의 적극적 기도는 각각의 고유한 가치와 목적이 있습니다. 골방기도를 통해 우리는 온전히 집중된 시간을 하나님께 드리며, 더 깊은 묵상과 성찰을 하고, 세상의 방해로부터 벗어나 하나님과의 친밀한 교제에 집중할 수 있습니다. 반면 일상 활동 중의 적극적 기도는 하나님의 임재를 일상의 모든 순간으로 확장하고, '쉬지 말고 기도하라'는 말씀을 실천하는 구체적인 방법이 되며, 일상의 모든 활동이 예배가 될 수 있음을 경험하게 합니다.

이 두 가지 기도는 서로 상충되는 것이 아니라 상호 보완적입니다. 골방에서의 깊은 기도가 영적 기초를 다지는 시간이라면, 일상 중의 적극적

---

* 적극적 기도는 일상 속에서 하나님과 끊임없이 교통하는 방식으로, 짧고 반복적인 형태를 통해 마음과 감정을 포함한 심리적 참여로 이루어지는 기도다. 적극적 기도에 대한 내용은 이 책 부록에 간략히 소개되어 있다.

기도는 그 영적 기초 위에서 하나님과의 지속적인 교제를 이어 가는 실천이라고 볼 수 있습니다.

특히 적극적 기도의 경우, 단순히 기계적인 반복이 되지 않도록 주의하면서, 마음을 다해 하나님을 향하는 진정성 있는 태도를 유지하는 것이 중요합니다. 이러한 기도는 시간이 지날수록 더욱 자연스러워지며, 궁극적으로는 모든 순간 하나님의 임재를 의식하며 살아가도록 영성의 깊이를 더해 줄 수 있습니다.

이런 방식의 기도는 골방에서 조용히 기도하는 것과는 다르게, 우리의 모든 순간을 하나님과 함께하는 기회로 만듭니다. 일상적인 작업 중 하나님과의 대화를 이어 가는 것은 하나님과의 깊은 관계를 지속적으로 경험하게 해 줍니다.

일상 속 하나님 현존

Q: 영성 수련이나 영성지도 상황에서 다른 사람의 이야기를 들을 때 그 사람 자체를 온전히 듣는 것은 하나님과의 만남을 경험하게 합니다. 그러나 물리적인 행동, 예를 들어 물을 마시는 것처럼 실질적인 행동을 할 때 하나님이 함께하신다고 느끼는 것이 어렵습니다. 물리적인 행동과 하나님의 현존 경험 사이의 연관성은 무엇인가요?

A: 물리적인 행동 속에서 하나님의 현존을 느끼기 어렵다는 것은 자연스러운 경험입니다. 특히 물을 마시는 것과 같이 일상적인 행동에서는 더욱 그렇습니다.

사실 하나님의 현존은 우리가 만들어 내는 것이 아닙니다. 마치 공기처럼 이미 그 자리에 있는 것입니다. 우리가 숨 쉬는 것을 의식하지 않아도 공기가 우리 안에 들어오듯이, 하나님의 현존도 그렇게 자연스럽게 우리와 함께합니다.

물을 마시는 순간에도 하나님은 이미 그 자리에 계십니다. 우리가 그것을 의식하든 못하든 상관없이, 그분은 그저 거기 계십니다. 때로는 갑자기 찾아오는 평화로움이나 감사함을 통해, 또는 문득 느껴지는 따뜻함을 통해 그분의 현존을 깨닫게 됩니다.

이것은 마치 오랜 벗과 함께 있는 것과 비슷합니다. 특별히 무언가를 하지 않아도, 그저 함께 있는 것만으로도 충분한 그런 관계처럼요. 하나님과의 관계도 그렇게 자연스럽고 편안할 수 있습니다.

센터링 침묵기도를 통해 우리의 내면이 깊어지면서, 일상의 모든 순간에 하나님의 현존을 자연스럽게 알아차리게 됩니다. 이는 우리의 노력으로 이루어지는 것이 아니라, 기도 속에서 하나님과의 친밀함이 깊어질 때 자연스럽게 열리는 은총의 선물입니다.

우리의 모든 움직임, 호흡, 일상적인 행동들 속에 하나님은 이미 함께 하고 계십니다. 그것을 알아차리는 것은 우리의 노력이나 의도가 아닌, 그분이 주시는 자연스러운 선물입니다. 마치 봄날의 따뜻한 햇살처럼, 그저 거기 있음으로 충분합니다.

한번 이렇게 해 보세요.

물을 마시면서 '하나님, 지금 저와 함께 계시죠?'라고 속으로 말해 보세요. 그리고 잠시 조용히 있어 보세요.

어떤 분이 이런 경험을 나눠 주었습니다. "물을 마시면서 '주님, 감사해요'라고 말했더니, 마음이 갑자기 따뜻해졌어요. 혼자가 아니라는 느낌이 들었어요."

다른 분은 이렇게 말했습니다. "목이 말라서 물을 마시는데, '하나님이 이 물도 주셨구나' 하는 생각이 들면서 감사한 마음이 올라왔어요. 그 순간 정말 하나님이 나를 돌보고 계신다는 확신이 들었어요."

성경에서 말한 것처럼, 우리는 하나님 안에서 살며 움직이며 존재합니다. 물을 마시는 이 순간에도 우리는 하나님 안에 있습니다.

복잡하게 생각하지 마세요. 그냥 물을 마시면서 "하나님, 고마워요"라고 말해 보세요. 그러면 마음 어딘가에서 평안이나 감사함이 올라올 것입니다.

그것이 바로 하나님의 현존입니다. 특별한 체험이 아니라, 이런 자연스러운 동행의 느낌입니다.

변화의 과정

Q: 기도를 하면서 내가 많은 말을 하고 있다는 것을 깨닫고, 그것이 내가 아닌 것처럼 느껴질 때가 있습니다. 그럴 때 그 부분을 떨쳐 내야 하는지 고민이 됩니다. 하나님과 새로운 관계를 맺는 것이 기대가 되기도 하지만 낯설기도 합니다. 이런 경험을 어떻게 이해해야 할까요?

A: 영적 여정에서 경험하고 있는 이런 내적 변화는 자연스러운 과정입니다. 기도 중 많은 말을 하고 있음을 알아차리는 순간, 그것은 이미 깊은 자기인식의 시작입니다. 이 발견은 무언가를 억지로 없애야 한다는 의미가 아닙니다. 오히려 하나님 앞에서 자신의 내면을 부드럽게 바라보는 기회가 찾아온 것입니다.

센터링 침묵기도는 하나님의 임재 앞에 고요히 머무는 시간입니다. 말을 줄이고 그분의 임재에 열려 있는 그 순간, 우리의 내면은 자연스럽게 깊어집니다. 과거의 익숙한 기도 방식에서 새로운 방식으로 이어지는 이 여정은, 더 깊은 영적 경험으로 우리를 인도합니다.

이 과정에서 느끼는 낯선 감정들은 두려움의 대상이 아닙니다. 그것은 하나님께서 당신의 내면을 섬세하게 다듬어 가고 계신다는 표시입니다. 때로는 많은 말이 흘러나오고, 때로는 깊은 침묵이 찾아옵니다. 이 모든 순간이 하나님과의 대화의 일부입니다.

변화는 점진적으로 일어납니다. 때로는 혼란스럽게, 때로는 평안하게 찾아옵니다. 이전의 기도 방식과 새로운 기도 방식은 서로 다르지만, 모두 소중한 하나님과의 만남입니다. 이 여정에 대한 신뢰, 그리고 그 과정에서 일어나는 모든 경험을 있는 그대로 받아들이는 것이 중요합니다.

하나님과의 관계는 우리가 생각하는 것보다 더 풍성합니다. 이 새로운 기도의 시간을 통해, 그분과의 더 깊은 만남으로 초대받고 있는 것입니다.

기도 시간과 실천

Q: 20분이라는 시간이 정해져 있는 것인지, 변경 가능한지, 그리고 그 기준은 어떻게 설정된 것인지 궁금합니다.

A: 처음 침묵기도를 시작하실 때는 5분이나 10분 정도로 시작하는 것도 가능합니다. 마치 운동을 처음 할 때 무리하지 않고 천천히 시작하듯이, 영적 훈련도 점진적으로 늘려 가는 것이 더 지속하기 좋습니다. 처음엔 짧은 시간이라도 규칙적으로 실천하는 것이 중요합니다.

기도가 익숙해지면서 20분이라는 시간을 추천해 드리는데, 이는 과학적 연구와 영적 경험이 만나는 지점에서 나온 적정 시간입니다. 연구에 따르면 20분의 침묵기도는 뇌의 기본 모드 네트워크에 긍정적인 영향을 미치고, 스트레스 호르몬인 코르티솔 수치를 낮추는 데도 도움이 됩니다.

그리고 침묵기도가 더욱 익숙해지고 하나님과의 더 깊은 교제를 경험하게 되면, 20분 이상으로 시간을 늘리셔도 좋습니다. 30분 혹은 그 이상의 시간을 통해 더 깊이 있는 영적 체험을 하실 수 있습니다. 이때는 자신의 상황과 영적 상태에 따라 유연하게 시간을 조정하시면 됩니다.

결국 가장 중요한 것은 시간의 길이가 아니라, 규칙적으로 하나님과 만나는 신실함입니다. 각자의 상황과 영적 성숙도에 따라 적절한 시간을 선택하시면 됩니다.

영적 수련의 통합

Q: 렉시오 디비나와 함께 센터링 침묵기도를 배워 가는 중입니다. 하루에 다 하려고 하니 부담이 많이 됩니다. 어떻게 하면 좋을까요?

A: 렉시오 디비나와 센터링 침묵기도는 각각의 특성을 살리면서도 조화롭게 통합할 수 있는 영적 수련입니다. 분주함 속에서도 이 두 기도는 다양한 방식으로 삶 속에 녹여 낼 수 있습니다.

주중에는 한번에 하나의 기도 방식에 집중하는 것도 좋은 방법입니다. 아침에 렉시오 디비나를 하고 저녁에 센터링 기도를 할 수도 있고, 그 순서를 바꾸어 센터링 침묵기도로 하루를 열고 말씀을 깊이 묵상하는 렉시오 디비나로 하루를 마무리할 수도 있습니다. 혹은 렉시오 디비나를 한 후에 짧게라도 센터링 침묵기도로 이어 가는 것도 좋은 방법입니다. 시간에 얽매이지 말고 자신의 상황에 맞게 유연하게 조절하세요. 때로는 5분의 짧은 기도도 충분히 의미 있을 수 있습니다.

주말에는 조금 더 여유 있게 두 기도를 함께 할 수 있습니다. 렉시오 디비나로 시작하여 자연스럽게 센터링 침묵기도로 이어 갈 수도 있고, 반대로 고요한 센터링 침묵기도로 마음을 열어 준 후에 렉시오 디비나를 통해 말씀을 더 깊이 듣고 묵상할 수도 있습니다. 이때도 시계를 보며 시간을 재기보다는, 기도의 자연스러운 흐름을 따라가는 것이 중요합니다.

  무엇보다 이 여정을 혼자 걸을 필요가 없습니다. 비슷한 길을 걷는 영적 동반자들과 경험을 나누며 서로 격려하는 것이 도움이 됩니다. 각자의 상황에서 가능한 방식으로 시작하되, 점차 자신만의 리듬을 찾아가시기 바랍니다.

  결국 이 모든 수련의 목적은 하나님과의 더 깊은 관계입니다. 시간이나 방법에 얽매여 부담을 갖기보다는, 은혜의 여정으로 받아들이며 자유롭게 실천해 나가시길 바랍니다.

마무리

　이 장에서 우리는 내면의 자유를 향한 여정을 심리적, 신학적 관점에서 탐구했다. 특히 많은 신앙인들이 경험하는 실제적인 고민들, 기도 중의 신체적 반응, 불안한 감정들, 일상에서의 적용 방법 등을 통해 이 여정이 단순한 이론이 아닌 살아 있는 경험임을 확인할 수 있었다.

　센터링 침묵기도는 우리를 두 가지 차원에서 변화시킨다. 첫째, 심리적 차원에서 우리는 내면에 억눌린 감정과 상처를 만나고, 그것을 하나님의 현존 안에서 치유받는다. 기도 중 경험하는 신체적 반응이나 불편한 감정들은 이러한 치유 과정의 자연스러운 신호다. 둘째, 신학적 차원에서 우리는 삼위일체 하나님의 사랑을 체험하고, 예수님의 케노시스를 따라 자아를 비우며, 성령 안에서 새로운 창조에 참여하게 된다.

　특히 주목할 점은 이 여정이 고립된 개인의 경험이 아니라는 것이다. Q&A를 통해 보았듯이, 많은 사람들이 비슷한 도전과 깨달음을 경험하고 있다. 20분이라는 시간에 대한 고민, 일상에서의 적용 방법, 다른 기도 방식과의 조화 등 우리가 마주하는 실제적인 질문들은 이 여정이 얼마나 구체적이고 살아 있는 것인지 보여 준다.

　이제 우리는 다음 장에서 이러한 통찰과 경험들이 우리의 일상에서 어떻게 열매 맺는지, 특히 관계와 공동체 안에서 어떻게 구현되는지 살펴볼 것이다. 이는 단순한 개인의 영성 계발을 넘어, 하나님 나라의 실재를 이 땅에서 살아 내는 여정이 될 것이다.

마지막으로 기억할 것은, 이 여정에는 정해진 공식이나 완벽한 방법이 없다는 점이다. 각자의 상황과 리듬에 맞게, 때로는 5분의 짧은 기도로, 때로는 더 긴 시간의 침묵으로, 하나님과의 친밀한 관계를 쌓아 가면 된다. 중요한 것은 이 여정을 신실하게 걸어가는 것이며, 그 과정에서 우리는 점차 참된 자아를 발견하고 더 깊은 자유와 평화를 경험하게 될 것이다.

제5장

내면에서 일상으로: 관상적 삶

기도하는 자가 진정한 신학자며,
진정한 신학자는 기도하는 자다.
순수한 기도를 통해
우리는 단순히 하나님에 대해 아는 것이 아니라,
하나님을 경험하게 된다.
그리고 이 경험은
우리를 변화시켜 세상을 새롭게 보게 한다.
- 에바그리우스 폰티쿠스(Evagrius Ponticus)

관상은
하나님을 향한 단순한 응시를 넘어,
일상의 모든 순간에서 그분의 임재를 발견하고
그 사랑을 세상과 나누는 삶의 방식이다.
주방에서,
사무실에서,
거리에서…
모든 곳이 하나님과의 만남의 장소가 된다.
- 리처드 포스터(Richard Foster)

관상기도는 단순한 개인적 영적 체험을 넘어, 세상과 연대하는 깊은 영적 실천이다. 토마스 머튼의 『사막의 지혜』(The Wisdom of the Desert)는 수도자들의 영적 여정을 다음과 같이 생생하게 묘사한다.

"그들은 자신이 난파선 주변에 버둥거리고 있는 한 다른 사람들에게 도움을 베풀 힘이 없음을 알았다. 하지만 그들이 일단 마른 땅에 올라서자 상황이 달라졌다. 이제 그들은 온 세상을 안전한 곳으로 끌어올릴 능력뿐 아니라 의무까지 생겼다."

이 비유는 관상기도의 본질을 선명하게 드러낸다. 고독과 침묵의 공간은 세상으로부터의 도피처가 아니라, 내적 치유와 영적 성장의 장소다. 특히 끊임없는 알림과 정보의 홍수 속에서 살아가는 현대인들에게, 이러한 공간은 그 어느 때보다 더 절실하다. 여기서 우리는 거짓된 자아의 껍질을 벗어던지고, 하나님의 사랑으로 충만해지며, 내면의 상처를 치유한다.

디지털 시대를 살아가는 우리에게 관상기도는 특별한 의미를 지닌다. 스마트폰과 소셜 미디어는 우리를 전 세계와 연결시키지만, 동시에 진정한 현존과 깊은 관계로부터 멀어지게 만들기도 한다. 이러한 상황에서 관상기도는 우리를 다시 본질적인 것으로 이끈다. 스크린 너머의 피상적 연결이 아닌, 하나님과의 깊은 관계 속에서 우리는 진정한 자아를 발견하고 이웃을 향한 진실된 사랑을 배우게 된다.

고독과 침묵 속에서 얻은 내적 평화는 세상을 향한 섬김과 사랑으로 흘러넘친다. 이는 우리가 살아가는 이 시대의 상처와 아픔을 감싸안는 치유의 여정이 된다.

일상에서 하나님과 동행한 로렌스 형제

17세기 프랑스의 한 수도사였던 로렌스 형제(Brother Lawrence)의 삶은 하나님과의 끊임없는 대화였고, 일상을 통해 펼쳐지는 영적 서사시였다. 그의 삶은 기도를 단순한 의식이 아닌, 호흡과 같은 살아 있는 실천으로 만들었다.

작은 수도원 주방에서 그릇을 닦으며, 그는 매 순간을 하나님과 나누는 거룩한 대화로 채웠다. 그의 마음은 늘 하나님의 현존 속에 깊이 잠겨 있었다. 그에게 일상의 모든 순간은 예배였고, 모든 행위는 기도였다. 이는 오늘날 우리가 끊임없이 스마트폰을 확인하는 것과는 정반대의 삶의 방식이다. 그는 하나님의 현존에 '접속'해 있었다.

로렌스 형제는 『하나님의 임재 연습』(The Practice of the Presence of God)에서 이렇게 고백한다. "하나님께 다가가는 데는 기술도 과학도 필요하지 않다. 다만 마음을 그분께 향하겠다는 굳은 결심과 그분을 향한 온전한 사랑만이 필요할 뿐이다."

세상을 전혀 다른 시선으로 바라보기 시작하면서, 그의 내면에 놀라운 변화가 일어났다. 더 이상 거룩함과 세속됨을 나누지 않았고, 작은 일과 큰일 사이의 경계를 나누지 않았다. 자연, 동물, 주변의 사람들을 바라보는 그의 눈에는 하나님의 사랑이 깃들어 있었다.

그의 삶은 하나의 살아 있는 복음이었다. 오늘날 우리가 소셜 미디어를 통해 자신을 드러내려 애쓰는 것과는 달리, 그는 말없이 흘러넘치는 평화와 사랑으로 하나님을 드러냈다. 그를 만난 사람들은 그의 존재만으로도 하나님의 현존을 느낄 수 있었다. 에고의 벽을 허물고, 자비와 연민의 마음으로 세상을 바라보는 그의 삶은 진정 성령의 열매였다.

로렌스 형제의 여정은 우리에게 근본적인 질문을 던진다. 우리는 일상에서 진정으로 하나님과 동행하고 있는가? 우리의 작은 행동 하나하나가 하나님의 사랑을 반영하고 있는가? 끊임없는 알림과 메시지 속에서도, 우리는 하나님의 고요한 음성에 귀 기울이고 있는가?

거룩함은 특별한 장소나 순간에 있는 것이 아니라, 매 순간 하나님을 바라보는 마음의 자세에 있다. 그리스도의 향기는 화려한 예배당이 아니라, 주방에서 설거지를 하는 순간이나 길에서 만나는 낯선 이를 대하는 태도에서 드러난다.

고독과 침묵에서 나오는
연대와 긍휼의 섬김

고독

고독은 홀로 있는 시간이다. 현대인은 산더미처럼 쌓인 일들과 끊임없이 울리는 알림음, 스크롤되는 화면 속에서 진정한 고독을 경험하기 어렵다. 이러한 상황에서 우리에게 필요한 것은 모든 일을 잠시 멈추고, 디지털 기기로부터 벗어나 온전히 홀로 있는 시간을 갖는 것이다.

때로는 화장실에서의 짧은 순간이 우리에게 주어진 유일한 고독의 시간일 수 있다. 우리는 일과 관계에 치여 살면서도 홀로 있을 수 있는 능력을 갖춰야 한다. 고독의 시간은 마치 압력밥솥의 밀봉처럼 우리를 내면으로 깊숙이 끌어들인다.

만약 이 밀봉이 없다면, 우리 안에 있는 하나님을 향한 갈망의 불꽃은 타오를 기회조차 얻지 못한다. 항상 허망하고 공허한 상태에 머물러야 한다. 그러나 홀로 있는 고독, 특히 디지털 기기로부터의 의식적인 단절은 세상으로부터의 분리를 통해 하나님과 진정으로 만나는 시간이 된다.

이 시간 동안 우리는 갈망의 불꽃을 키우고, 하나님께 더욱 가까이 나아간다. 말을 넘어서고, 일을 떠나서, 존재와 존재가 만나는 신비로운 순간을 경험한다. 그 과정에서 내 안의 불꽃은 살아나고, 내 영혼은 생기를 되찾는다. 서서히 나 자신이 하나님 안에서 어떤 존재인지에 대한 감각이 깨어난다.

헨리 나우웬(Henri Nouwen)의 말처럼, 고독은 변화의 용광로다. 오직 이 고독 속에서만 진정한 변화가 이루어진다. 사막의 교부들이 세상을 등지고 사막으로 떠난 이유도 그곳에서만 하나님과 참된 자신을 만날 수 있었기 때문이다.

현대 사회의 한복판, 디지털 문명의 중심에서 고독의 공간을 마련할 때 우리는 영혼의 호흡과 생명의 호흡을 되찾을 수 있다. 그 작은 순간, 우리는 세상의 소음과 디지털의 소음을 뚫고 내면의 깊은 울림을 듣게 된다.

침묵의 깊이[*]

홀로 있어도 우리의 마음은 때로 수다스럽다. 정죄와 판단, 분노와 좌절, 염려가 마음을 가득 채우곤 한다. 현대인의 마음은 특히 더 시끄럽다. 뉴스 피드의 끝없는 스크롤, 수많은 정보와 의견들, SNS에 올라온 타인의 삶이 우리 마음속에서 끊임없이 메아리친다. 하지만 진정한 침묵은 이 모든 생각, 이 모든 디지털의 소음을 내려놓고 하나님 앞에 고요히 머무는 것이다. 이때 우리는 머리에서 마음 깊은 곳으로 내려가 언어를 초월하신 하나님과 만나게 된다.

헨리 나우웬의 말처럼, 우리는 주로 하나님과의 관계를 머리로 하는 대

---

* 루스 헤일리 바턴, 『고독과 침묵: 하나님을 경험하는 연습』, 윤종석 옮김(서울: SFC출판부, 2021), 85–104.

제5장 내면에서 일상으로: 관상적 삶

화로 이어 가려 한다. 기도는 대개 머리에서 나오는 말들로 이뤄지지만, 이것만으로는 진정한 친밀함에 이르기 어렵다. 성경 묵상을 통해 하나님의 지혜와 뜻을 발견하며 그분을 만나는 것은 매우 소중하다. 여기에 더해 하나님의 현존 안에 잠잠히 머물 때 더욱 깊은 친밀함이 찾아온다.

유대-기독교 전통에서 마음은 모든 신체적, 정서적, 지적, 의지적, 도덕적 에너지의 근원이다. 진정한 기도는 이 마음과 마음이 만나는 것, 존재와 존재가 만나는 것이다. 동방교회는 이를 '헤시키아'(하나님 안의 안식)라 불렀다. 고독과 침묵 속에서 마음을 열고 하나님을 만나는 시간, 이것이 '관상 휴가'다. 마치 디지털 디톡스처럼, 세상의 모든 소음으로부터 벗어나 하나님의 품 안에서 고단한 영혼이 깊은 휴식을 누리는 것이다.

이 거룩한 휴가에서, 우리의 옛 자아는 죽고 참된 자아가 깨어난다. 판단과 정죄의 마음이 내려지고, 하나님의 긍휼한 마음으로 채워진다. 맑은 호수에 하늘이 비치듯 잔잔해진 우리 마음에 하나님의 모습이 새겨진다. 이웃을 향한 우리의 시선도 달라진다. 분리되었던 마음이 하나 되고, 진정한 연대와 긍휼이 피어난다.

고독과 침묵 속 기도는 우리 마음을 맑게 한다. 마음이 깨끗해질 때 하나님이 보이고 그분의 마음을 닮아 간다. 우리의 힘이 아닌, 하나님이 주시는 은혜로 다른 이들을 품을 수 있게 된다. 이것이 진정한 쉼이며, 영혼의 안식이다.

기도 속에서 우리 마음이 하나님으로 채워질 때, 우리의 중보기도는 온 우주를 품는 크기로 자란다. 디지털 시대는 우리에게 전 지구적 고통과 아픔을 실시간으로 전해 준다. 지구 반대편의 전쟁과 기근, 자연재해의 소식들이 우리의 마음을 무겁게 한다. 하지만 깊은 침묵 속에서 우리는 이러한 현실을 회피하지 않고 정면으로 마주하며, 더 깊은 연민과 중보의 기도로 나아갈 수 있다.

이러한 기도는 사역 가운데서도 드러나며, 우리의 관계와 일상에서 하나님의 사랑이 흘러넘치게 한다. 영성지도에서 종종 경험하듯, 때로는 그저 함께 있어 주는 것만으로도 상대방이 하나님을 만나고 회복되는 것을 본다. 가상의 소통이 아닌, 진정한 현존의 능력이다. 자신을 비우고 모든 것을 내려놓는 고독과 침묵의 기도는 사역의 본질을 바꾼다. 이때 우리가 줄 수 있는 가장 큰 선물은 바로 우리 안에 계신 그리스도, 그분의 평화다. 정보와 기술이 넘쳐나는 이 시대에, 세상이 진정 필요로 하는 것은 더 많은 지식이나 기술이 아닌, 하나님의 평화와 안식이다. 이것이 우리가 누리는 진정한 휴가, 곧 하나님과 함께하는 관상의 시간이다.

연대와 긍휼, 참된 섬김의 길

관상과 고독, 침묵에서 피어나는 연대와 긍휼의 깊이가 마태복음 25장에 아름답게 펼쳐진다. 예수님께서는 마지막 날의 모습을 보여 주신다. 영광 중에 오셔서 모든 민족을 모으시고, 목자가 양과 염소를 가르듯 사람들을 나누실 것이라 말씀하신다.

그 기준은 놀랍도록 단순하면서도 깊다. 굶주린 자를 먹이고, 목마른 자에게 물을 주고, 나그네를 맞이하고, 헐벗은 자를 입히고, 병든 자를 돌보고, 갇힌 자를 찾아갔는가? 오직 '그렇게 했는가' 아니면 '하지 않았는가' 뿐이다.

더욱 놀라운 것은, 두 무리 모두 자신들이 언제 그렇게 했는지 혹은 하지 않았는지를 모른다는 점이다. "주님, 우리가 언제 그렇게 했습니까?" 이는 그들의 섬김이 계획된 프로그램이나 의도적인 선행이 아니었음을 보여 준다. 그저 마음에서 우러나오는 긍휼로 이웃을 섬겼던 것이다.

이는 우리 일상의 작은 순간들 속에서 실현된다. 출근길 엘리베이터에서 만난 이웃과 나누는 따뜻한 미소. 회사에서 실수한 후배를 따뜻하게 감싸 주는 마음. 고단한 하루 끝에도 가족을 위해 저녁을 준비하는 손길. 힘겨워하는 친구에게 보내는 짧은 메시지나 전화. 이런 사랑은 개인의 일상에서 그치지 않고, 우리 사회의 구조적 불의에 대해 목소리를 내고 소외된 이들의 권리를 위해 일하는 것까지 이어진다. 이렇게 작은 친절과 큰 정의가 서로를 보완하며 하나님 나라를 이루어 간다.

사마리아인의 비유는 이 진리를 더욱 선명하게 보여 준다. 강도 만난 사람 앞에서, 제사장과 레위인은 길을 피해 지나갔다. 아마도 그들은 성전 예배나 중요한 종교적 의무로 바빴을 것이다. 마치 오늘날 우리가 큰 계획과 목표에 집중하느라 또는 스마트폰 속 수많은 정보와 일정에 매몰되어 눈앞의 고통을 외면하는 것처럼. 하지만 '이방인'이었던 사마리아인은 발걸음을 멈추었다. 그를 불쌍히 여기는 마음이 먼저 있었고, 그 마음이 행동으로 이어졌다.

이런 섬김은 우리의 의지나 계획만으로는 불가능하다. 하나님과의 깊은 교제, 특별히 고독과 침묵 속에서 만나는 그분과의 친밀한 관계가 있어야만 가능하다. 마치 나무가 깊은 뿌리를 통해 양분을 받을 때 자연스럽게 열매를 맺듯이, 하나님과의 깊은 교제에서 우러나오는 긍휼이 있을 때 참된 섬김이 나온다.

우리의 에고는 늘 '더 중요한 일'을 찾는다. 더 큰 사역, 더 효율적인 프로그램, 더 영향력 있는 활동, 더 많은 '좋아요'를 받을 수 있는 일들. 하지만 정작 눈앞의 작은 필요들은 놓치고 만다. 거창한 계획을 세우느라 당장 우리 곁에 있는 이웃의 작은 한숨을 듣지 못하는 것이다.

그래서 고독과 침묵이 더욱 소중하다. 그 시간 속에서 우리의 에고가 죽고, 하나님의 사랑과 긍휼이 우리 안에 가득 채워진다. 분주한 일상과 끝없는 알림음에서 잠시 멈추어 맞이하는 고요 속에서, 우리는 예수님의 눈으로 세상을 보기 시작한다. 그분의 시선으로 바라볼 때, 우리는 모든 이들 안에서 그리스도의 모습을 발견하게 된다.

이것이 하나님 나라의 참된 모습이다. 개인의 작은 친절에서 시작해 사회 정의를 향한 큰 걸음으로 이어지는 여정이다. 일상의 작은 순간들 속에서 자연스럽게 흘러나오는 긍휼과, 구조적 불의에 맞서는 용기가 함께 어우러질 때 하나님 나라가 이 땅에 실현된다. 그리고 이 모든 것은 오직 하나님과의 깊은 교제, 고요한 침묵 속에서 만나는 그분의 사랑을 통해서만 가능하다.

참된 행복의 역설: 팔복과 하나님 나라

　예수님은 산상수훈에서 세상의 기준과는 전혀 다른 행복을 말씀하셨다. "심령이 가난한 자는 복이 있나니 천국이 그들의 것임이요."(마 5:3) 디지털 시대의 끊임없는 성공 압박과 물질만능주의 속에서, 이 말씀은 우리가 추구하던 행복의 방향을 완전히 뒤바꾼다. 성공과 풍요가 아닌 마음의 가난함에서, 권력과 지위가 아닌 온유함에서, 쾌락과 안락이 아닌 의에 주리고 목마름에서 참된 행복이 시작된다는 것이다.

　그런데 어떻게 이런 역설적 행복이 가능할까? 앞서 살펴본 바와 같이, 우리는 모두 안전, 애정, 통제라는 기본 욕구를 충족하기 위한 "행복 프로그램"을 가지고 살아간다. 성공을 통해 인정받기, 소유로 안전 확보하기, 관계를 통해 사랑받기가 바로 그것이다. 하지만 팔복은 이러한 세상의 행복 공식을 근본적으로 뒤집는다.

　센터링 침묵기도는 이런 변화를 가능하게 하는 핵심 통로다. 침묵 속에서 우리는 가장 먼저 내면의 소란스러움을 마주한다. 끊임없이 떠오르는 성취 욕구, 인정받고 싶은 마음, 통제하려는 의지들이 파도처럼 밀려온다. 한 직장인은 이렇게 나누었다. "기도 중에 자꾸 내일 프레젠테이션 생각이 나더라고요. 성공해야 한다는 압박감이 얼마나 컸는지 알게 되었어요. 그런데 그 생각들을 놓아주기 시작하면서, '내가 완벽하지 않아도 하나님이 나를 사랑하시는구나' 하는 마음이 들었어요." 이것이 바로 심령의 가난함으로 가는 길이다. 침묵 속에서 우리는 자신의 영적 빈곤을 직면하고, 동시에 그 빈자리를 채우시는 하나님의 사랑을 경험한다.

이런 변화는 하루아침에 일어나지 않는다. 센터링 침묵기도를 통해 우리의 행복 추구 방식이 점진적으로 바뀐다. 세상의 성공 공식에 의존하던 마음이 점차 하나님의 현존 안에서 만족을 찾게 되는 것이다. 토마스 키팅의 말처럼, "센터링 침묵기도는 우리의 거짓된 자아 시스템을 점진적으로 해체하고, 하나님 안에서 우리의 참된 정체성을 발견하게 한다." 이 과정에서 우리는 세상이 제공하는 행복이 아닌, 하나님 나라의 복을 맛보게 된다.

심령이 가난한 자는 자신의 영적 빈곤을 인정하고 하나님을 전적으로 의지하는 사람이다. SNS의 화려한 성공 스토리와 끊임없는 비교 속에서, 우리는 자신의 부족함을 인정하기 두려워한다. 하지만 성공, 인정, 소유에 대한 집착으로 가득 찬 마음을 조금씩 비워 갈 때, 그 자리를 성령님께서 채워 주신다. 청소년들이 성적과 경쟁에서 벗어나 자신과 친구들의 진정한 가치를 발견하고, 직장인들이 승신과 실직의 입빅에서 벗어나 일의 의미를 찾으며, 노년층이 젊은 세대를 이해하고 격려하는 마음을 갖게 되는 것이 바로 이런 영적 가난의 실천이다.

이러한 영적 가난은 자연스럽게 애통함으로 이어진다. 애통하는 자는 단순히 개인적 슬픔에 머무르지 않는다. 실시간으로 전해지는 전 지구적 고통과 불의 앞에서, 우리는 더 이상 방관자가 될 수 없다. 기후 위기로 인한 환경 파괴, 디지털 격차로 인한 사회적 소외, 혐오와 차별의 확산을 보며 우리는 애통해한다. 이 애통함은 단순한 감정이 아니라 변화를 향한 첫걸음이 된다.

이런 애통함은 온유함으로 표현된다. 온유한 자는 분노와 혐오가 넘치는 온라인 공간에서도 평화를 만들어 가는 사람이다. 소셜 미디어의 격렬한 논쟁 속에서도 존중과 경청의 자세를 잃지 않고, 직장의 세대 갈등 속에서도 이해와 포용의 다리를 놓는다. 이들은 겸손하지만 결코 나약하지 않다. 오히려 가장 강력한 변화의 씨앗을 뿌린다.

의에 주리고 목마른 자는 이 시대의 구조적 불의에 맞서는 용기를 가진 사람이다. 디지털 플랫폼의 불공정한 노동 관행, 알고리즘의 차별, 환경 파괴적 생산 방식에 대해 목소리를 낸다. 회사의 부당한 관행에 맞서고, 학교의 폭력 문제를 해결하며, 의료 현장의 불평등을 개선하고자 노력한다.

이러한 정의 추구는 긍휼함과 균형을 이룬다. 긍휼히 여기는 자는 디지털 시대의 실수와 잘못도 자비롭게 대한다. SNS상의 과거 발언으로 인한 공격, 실수가 영원히 기록되는 디지털 환경 속에서도, 용서와 회복의 가능성을 믿는다. 정죄가 아닌 이해로, 비난이 아닌 격려로 응답한다.

이러한 긍휼함은 마음의 청결함에서 나온다. 마음이 청결한 자는 끊임없는 알림과 자극 속에서도 순수한 동기와 깨끗한 양심을 지켜 간다. 좋아요 숫자나 조회수가 아닌, 진정성 있는 관계와 의미 있는 기여를 추구한다. 이런 맑은 마음을 통해 일상의 모든 순간에서 하나님의 임재를 발견한다.

청결한 마음은 평화를 이루는 토대가 된다. 평화를 이루는 자는 진보와 보수로 극단적으로 분열된 현대 사회에서 특별히 중요한 사명을 지닌다.

서로를 악마화하고 대화조차 거부하는 진영 논리 속에서, 이들은 다리를 놓는 역할을 한다. 정의와 안정, 변화와 전통이라는 각자의 가치가 대립되는 것이 아니라 보완될 수 있음을 보여 준다. 젊은 세대의 정의에 대한 열정과 기성세대의 경험과 지혜가 조화를 이루며 서로를 풍성하게 할 수 있다고 믿으며, 대화의 장을 만들어 간다. 정치적 성향의 차이가 인간적 관계마저 단절시키는 상황에서, 이들은 차이를 넘어선 인간 존중의 가치를 일깨운다.

이러한 평화 만들기는 때로 양쪽으로부터의 오해와 반발을 불러일으킨다. 의를 위하여 핍박을 받는 자들은 기득권의 반발, 기존 질서의 저항에 직면한다. 때로는 진보와 보수 양측으로부터 비난을 받기도 한다. 하지만 이들은 두려워하지 않는다. 디지털 리터러시를 통한 현명한 대응, 연대를 통한 집단적 지혜, 그리고 무엇보다 하나님의 정의가 승리할 것이라는 믿음으로 나아간다.

이것이 예수님이 보여 주신 새로운 행복의 지도다. 세상의 성공 공식과는 정반대로 보이는 이 길이 역설적으로 가장 깊은 기쁨과 평화를 가져다 준다. 개인의 내면에서 시작된 변화가 관계의 회복으로, 나아가 사회 구조의 변혁으로 확장되는 여정이다. 때로는 더디고 때로는 후퇴하는 것처럼 보여도, 이것이 하나님 나라를 이 땅에 실현하는 유일한 길이다. 서로를 지지하고 격려하며 함께 걸어가는 이 여정에서, 우리는 예수님이 말씀하신 참된 행복을 발견하게 될 것이다.

내면에서 세상으로:
평화, 정의, 생명으로 흐르는 사랑

하루의 끝에서 혹은 새벽의 고요한 시간에 잠시 멈추어 앉으면, 내면에 평화가 찾아온다. 고요해진 마음은 자신의 내면을 더 깊이 들여다보게 한다. 격변하는 세상 속에서 우리는 자주 자신을 비판하고 쉽게 좌절한다. 업무에서의 실수나 가까운 이와의 갈등이 마음을 짓누를 때도 있다. 하지만 이 고요함 속에서 우리는 자신을 바라보는 하나님의 따뜻한 시선을 만난다. 마치 폭풍 후의 바다가 잔잔해지듯, 요동치는 마음이 고요해진다. 그 시선 안에서 실패는 성장의 디딤돌이 되고, 좌절은 새로운 시작이 된다.

관상기도는 타인의 이야기를 듣는 우리의 귀를 더욱 섬세하게 만든다. 복잡한 일상 속에서, 긴장된 회의실에서, 저녁 식탁의 무거운 침묵 속에서 우리의 귀는 수많은 소리에 둘러싸여 있다. 마음이 고요해질 때, 이 소리들 속에서 진정으로 들어야 할 것을 분별하는 귀가 열린다.

특히 영성지도나 상담에서 이는 매우 중요하다. 내담자의 말 속에 숨겨진 아픔, 한숨 속에 담긴 호소, 침묵 속의 울림까지 듣게 된다. 이는 전문적인 상담이나 영성지도에만 국한되지 않는다. 동료의 피곤한 한숨 속에 담긴 도움의 요청이, 자녀의 반항적인 태도에 숨겨진 인정받고 싶은 갈망이, 배우자의 짜증 속에 감춰진 지친 마음이 들리기 시작한다.

우리 안의 조급함과 불안, 선입견과 판단이 잦아들 때 진정한 경청이 시작된다. 마치 앞을 가로막던 안개가 걷히듯, 상대방의 진짜 모습이 보이기 시작한다. 내면이 고요할 때, 우리의 응답도 달라진다. 미리 준비된 조언이나 해결책이 아닌, 그 순간 성령께서 주시는 지혜로운 말과 따뜻한 침묵으로 응답하게 된다.

현대 사회의 급격한 변화 속에서, 우리는 때로 분노와 불안, 혐오와 대립의 소용돌이에 휘말리곤 한다. 관상의 평화는 이런 내면의 폭력성을 녹여 내고, 더 나아가 우리를 둘러싼 세상의 구조적 폭력에도 더 민감하게 만든다.

토마스 머튼은 『새 명상의 씨』에서 "최종적으로 폭력과 그 파괴적인 영향을 방어하는 가장 좋은 방법은 깊은 내면의 침묵에서 오는 기도와 영적 훈련이다"라고 말한다. 이는 단순히 개인적인 평화만을 의미하지 않는다. 일터에서의 부조리와 사회적 약자에 대한 차별, 그리고 불공정한 제도를 마주할 때 우리는 분노하되 미움 없이, 저항하되 폭력 없이 대응할 수 있는 힘을 얻는다.

2016-17년 촛불 시위에서 2025년 탄핵 정국에 이르기까지, 우리는 계속해서 평화적 저항의 가능성과 도전을 마주하고 있다. 광장에서 촛불을 들고 노래하고 춤추는 평화로운 시위 문화는 소중한 유산이 되었다. 하지만 동시에 우리는 내면의 분노와 폭력성을 직면하게 된다. 화면 속에서 마주치는 혐오의 언어들, 상대를 악마화하는 표현들, 때로는 우리 안에서도 올라오는 적대감. 이것이 우리에게 관상의 평화가 필요한 이유다.

깊은 침묵 속에서 우리는 자신의 분노를 마주하고, 그것을 정의로운 열정으로 변화시키는 법을 배운다. 불의에 대한 저항이 증오로 변질되지 않도록, 평화로운 시위가 폭력의 순간으로 뒤틀리지 않도록, 끊임없이 자신을 돌아보고 평정을 유지하는 것이 필요하다. 간디가 말했듯이, "평화로운 수단으로 얻은 결과만이 지속적인 선한 결과를 가져올 수 있다." 역사는 우리에게 폭력이 아닌 평화가, 증오가 아닌 사랑이 더 근본적인 변화를 가져온다는 것을 보여 주었다.

도시의 빽빽한 건물 사이로 비치는 한 줄기 햇살, 사무실 창가에 놓인 화분의 작은 새싹, 퇴근길에 스치는 저녁 바람. 관상은 이런 일상의 작은 순간들 속에서 생명의 숨결을 느끼게 한다. 이는 단순한 감상을 넘어 구체적인 실천으로 이어진다. 문점숙 수녀의 말처럼, "하느님 없이는 우리가 아무것도 아님을 고백하고 하느님께서 주신 모든 것에 감사하고 찬미할 때 생태 영성을 살아갈 수 있다."

스크린과 인공적인 공간에 갇힌 현대인들은 점점 자연과의 연결을 잃어 가고 있다. 하지만 고요한 기도 속에서 우리는 다시 자연과 하나 됨을 경험한다. 아침 햇살과 저녁 노을의 아름다움이 눈에 들어오고, 바람의 속삭임과 비의 노래가 들리기 시작한다. 장바구니 사용하기, 일회용품 줄이기, 실내 온도 조절하기와 같은 작은 습관들이 쌓여 교회나 직장에서의 환경 보호 운동으로 이어진다. 최근 많은 교회들이 '기후 정의'에 관심을 갖고, 예배와 생활 속에서 환경을 생각하는 것도 이러한 흐름의 한 예다.

관상기도는 이처럼 우리 내면에서 시작하여 관계, 사회, 자연으로 끊임없이 확장된다. 풀잎에 맺힌 한 방울의 이슬이 시냇물로, 강으로, 마침내 드넓은 바다로 흘러가듯, 고요한 기도 속에서 시작된 작은 떨림이 마침내 우주를 품는 사랑으로 커져 간다.

때로는 새벽 기도실의 고요 속에서, 때로는 한밤중 잠 못 이루는 순간에 우리는 침묵 속에서 자신의 내면을 만난다. 이 고요한 만남은 점차 더 깊어지고 넓어져, 가족과 이웃과의 화해로, 사회의 아픈 곳을 쓰다듬는 변화로, 그리고 신음하는 생태계 전체를 감싸안는 회복으로 이어진다.

예수님께서 보여 주신 사랑의 확장이 바로 이와 같았다. 그분은 사마리아 여인의 목마름을 채워 주셨고, 떡과 물고기로 굶주린 무리를 먹이셨으며, 세리와 창기들의 친구가 되어 사회의 편견에 맞서셨고, 궁극적으로는 모든 피조물의 구원을 이루셨다. 우리의 관상 여정도 이와 같은 길을 따른다.

조용한 방 안에서 시작된 작은 기도가 이웃을 향한 미소가 되고, 직장에서 만나는 동료를 위한 배려가 되며, 사회적 약자를 위한 실천이 되어 흘러간다. 그리고 마침내 이 모든 움직임이 하나로 모여, 온 우주와 함께 부르는 생명의 찬양이 되고 평화의 노래가 된다. 이것이 하나님 나라를 향한 우리의 순례길이며, 모든 창조물과 함께 부르는 우주적 화음이다.

일상의 은혜:
함께 깊어지는 영성의 여정

　영적 여정은 우리가 생각하는 것보다 더 깊고 신비롭다. 많은 이들이 완벽한 깨달음의 순간이나 극적인 영적 체험을 기대하지만, 실제로 이 여정의 열매는 일상의 작은 순간들 속에서 조용히 맺힌다. 붐비는 전철에서 느끼는 깊은 평안. 일터에서 마주치는 동료의 얼굴에서 발견하는 그리스도의 모습. 저녁 설거지를 하며 경험하는 소소한 감사. 이런 일상의 순간들이 관상기도를 통해 새롭게 빛나기 시작한다. 마치 새벽빛이 땅을 비추듯, 우리의 영성도 이렇게 조용히 그러나 확실하게 깊어진다.

　이러한 변화는 단번에 이루어지지 않는다. 관상기도는 마치 정원을 가꾸는 일과 같다. 처음에는 잡초도 많고 흙도 거칠지만, 시간이 지날수록 점차 아름다운 모습을 갖추어 간다. 하루 5분의 침묵으로 시작한 기도가 어느새 15분, 20분으로 자연스럽게 늘어나는 것을 경험한다. 이는 서두를 필요가 없는 여정이다.

　매일의 리듬 속에서 우리만의 기도 시간을 발견하는 것이 중요하다. 새벽의 첫 빛과 함께 시작하는 이도 있고, 하루의 마지막 순간을 선택하는 이도 있다. 중요한 것은 그 시간이 자연스럽고 지속 가능해야 한다는 점이다.

오랜 신앙생활, 꾸준한 봉사, 정기적인 큐티. '이만하면 충분하다'는 생각에 안주하기 쉽다. 그러나 이것들이 자동으로 영적 성숙을 보장하지는 않는다. 매 순간 새롭게 시작하는 순례자의 마음이 필요하다.

기도가 막막하게 느껴질 때는 가장 단순한 고백으로 돌아가면 된다. "주님, 제가 여기 있습니다." 이 짧은 한 마디가 때로는 긴 기도보다 더 깊은 의미를 담는다. 생각이 산만해지고 마음이 흔들릴 때도, 그저 그 상태 그대로 주님 앞에 머무는 것이 기도다.

영적 여정에서 공동체는 우리에게 든든한 버팀목이 된다. 혼자서는 지치기 쉽지만, 함께할 때 서로에게 힘이 된다. 한 사람의 작은 간증이 다른 이에게 빛이 되고, 누군가의 솔직한 고백이 다른 이에게 위로가 된다. 이것이 공동체의 신비다.

관상기도는 처음에는 낯설고 어려울 수 있다. '가만히 앉아 있는 것조차 힘들다'는 생각이 드는 것은 자연스럽다. 하지만 완벽함이 아닌, 있는 그대로의 모습으로 나아가는 것이 중요하다. 퇴근길 전철에서 잠시 눈을 감는 순간도, 일상의 작은 틈새에서 드리는 짧은 기도도 모두 소중한 시작이다.

정기적인 기도는 마치 오랜 친구와의 만남처럼 자연스러워진다. 처음에는 의식적인 노력이 필요하지만, 시간이 지날수록 그 시간이 하루 중 가장 기다려지는 순간이 된다. 이는 서두르지 않고 천천히 맺어 가는 관계의 열매다.

우리의 영성은 그리스도의 케노시스, 곧 자기 비움의 신비에 참여하는 것이다. 일상의 순간들 속에서 자신을 내어 주고, 타인을 위해 마음의 공간을 만드는 작은 선택들이 모여 우리를 변화시킨다. 때로는 실패하고 넘어지지만, 다시 일어나 걸어가는 것이 이 여정의 본질이다.

이것이 바로 우리가 참된 자아를 발견하는 거룩한 여정이다. 완벽하지 않아도, 때로는 서툴러도 괜찮다. 각자의 속도로, 각자의 방식으로 걸어가는 이 길에서 우리는 조금씩 그리스도를 닮아 간다. 어떤 이는 깊은 침묵 속에서, 어떤 이는 일상의 작은 순간들 속에서 그분을 만난다.

더 깊은 은혜를 경험하고 싶다면, 일상을 벗어난 특별한 시간을 계획해 보는 것도 좋다. 주말을 이용한 1박 2일 침묵 피정이나, 여름 휴가 기간의 일주일 영성 수련은 우리의 영적 여정에 새로운 전환점이 될 수 있다. 한 달에 한 번 토요일 오후를 온전히 기도에 할애하거나, 분기별로 2박 3일의 침묵 피정을 계획하는 것도 의미 있다. 하지만 이러한 특별한 시간들이 더 나은 영성의 기준이 되어서는 안 된다. 각자에게 허락된 은혜의 리듬이 있기 때문이다.

이렇게 한 걸음씩 나아가는 여정에서 우리는 예상치 못한 기쁨을 발견한다. 때로는 메마르고 힘들게 느껴져도, 이 과정 자체가 은혜다. 우리의 불완전함을 안고도 계속 걸어갈 수 있다는 것, 그것이 가장 큰 은총이다.

이 영적 여정에는 결코 혼자인 순례자가 없다. 수많은 이들이 이미 이 길을 걸었고, 지금도 함께 걷고 있다. 작은 한 걸음으로 충분하다. 그 한 걸음에서 새로운 은혜의 이야기가 시작된다.

마무리

    관상기도는 우리 영성의 깊이와 넓이를 동시에 확장하는 여정이다. 로렌스 수사가 보여 준 것처럼, 이는 특별한 시간이나 장소에 국한되지 않고 일상의 모든 순간을 변화시키는 삶의 방식이다. 주방에서 그릇을 닦는 일상적인 순간부터 중요한 의사결정을 해야 하는 순간까지, 모든 시간이 하나님과의 만남의 자리가 된다.

    토마스 키팅은 "관상기도의 진정한 목적은 일시적인 평화나 위로의 경험이 아니라, 하나님과의 지속적인 일치를 이루는 것이다. 우리 의식이 새롭게 재구성되어 모든 순간 하나님의 현존을 알아차리게 되는 것, 그것이 바로 관상의 목적이다"라고 말한다. 이는 우리가 추구해야 할 관상기도의 본질을 정확히 보여 준다.

    이러한 하나님과의 일치는 삶의 모든 차원에서 열매를 맺는다. 개인적 차원에서 우리는 참된 자아를 발견하고 내면의 치유를 경험한다. 디지털 시대의 끊임없는 소음과 산만함 속에서도, 깊은 침묵을 통해 우리는 하나님의 음성을 듣고 진정한 자신을 만난다.

    관계적 차원에서는 이웃을 향한 긍휼과 연민이 깊어진다. 고독과 침묵의 시간은 역설적으로 우리를 더 깊은 관계로 이끈다. 하나님과의 친밀함이 깊어질수록 타인의 아픔과 필요를 더 섬세하게 알아차리게 되며, 그들을 향한 실제적인 사랑으로 이어진다.

사회적 차원에서는 정의와 평화를 향한 구체적인 실천이 자연스럽게 흘러나온다. 관상의 깊이는 세상을 향한 책임으로 이어진다. 기후 위기, 사회적 불평등, 디지털 소외와 같은 우리 시대의 문제들에 대해 더 깊은 관심을 가지게 되며, 이는 실천적인 참여로 발전한다.

이처럼 관상기도는 단순한 영성 훈련이 아닌, 하나님의 현존 안에서 우리의 전 존재가 새롭게 태어나는 거룩한 변화의 과정이다. 내면의 고요에서 시작된 영적 여정은 창조세계 전체를 포용하는 우주적 사랑으로 확장된다. 이 여정에서 우리는 하나님과, 이웃과, 그리고 창조세계와 더 깊은 일치를 이루어 가며, 이를 통해 하나님 나라의 실현에 참여하게 된다.

부록

일상에서의 관상기도
통합 실천 가이드

1.1. 시작하며: 각자의 길을 존중하는 지혜

관상기도의 통합은 정해진 공식이 아니라, 하나님과의 관계가 깊어지면서 자연스럽게 발견해 가는 여정이다. 많은 분들이 렉시오 디비나나 센터링 침묵기도 중 하나를 먼저 접하게 되는데, 어떤 것을 먼저 시작하든 그것이 아름다운 출발점이 될 수 있다.

결국에는 각 기도 방법이 고유한 아름다움을 갖고 있으며 서로 다른 방식으로 하나님께 다가간다는 것을 경험하게 된다.

1.2. 렉시오 디비나에서 시작하는 여정

이미 렉시오에 익숙하다면 렉시오 디비나를 통해 하나님의 말씀과 친밀해지게 되었을 것이다. 이제 센터링 침묵기도를 더할 때, 두 기도가 어떻게 서로 다른 선물을 주는지 천천히 느껴 볼 수 있다.

그 과정에서 자연스럽게 이런 질문이 생길 수 있다.

'렉시오 디비나의 관상 단계와 센터링 침묵기도가 비슷한데, 같은 건가?'

두 기도는 비슷해 보이지만 본질적으로 다르다. 렉시오의 관상은 받은 말씀과 함께 머무는 시간이고, 센터링 침묵기도는 말씀을 포함해 모든 생각을 놓아 버리는 시간이다. 처음에는 구분이 어려울 수 있지만, 실제로 해 보면 느낌이 다르다는 것을 발견하게 된다.

1.3. 관상기도의 두 흐름: 말씀과 침묵의 차이

렉시오 디비나는 하나님의 말씀을 통해 마음을 여는 시간이며, 받은 말씀을 묵상하고 기도하며 관상하는 흐름을 따라간다. 관상 단계에서도 말씀과의 연결이 유지된다.

센터링 침묵기도는 모든 생각(말씀 포함)을 놓아 버리고 단순히 하나님과 함께 있는 시간이며, 거룩한 단어를 통해 순수한 의도만 유지하면서 완전한 내맡김과 수용의 자세를 취한다.

두 기도 모두 소중하지만 방식이 다르며, 각각이 우리에게 다른 은혜를 선사한다는 것을 자연스럽게 발견하게 될 것이다.

1.4. 통합 실천의 단계별 안내

1단계: 이미 하고 있는 것을 깊이 있게(2-3개월 차)
렉시오 디비나가 익숙하다면, 센터링 침묵기도를 천천히 더해 보자.

〈시도해 볼 만한 것들〉
- 렉시오 디비나 후에 5-10분 정도 완전한 침묵 시간을 가져 보자. 이

때는 받은 말씀도 놓아 버리고, 단순히 하나님과 함께 있어 보면 된다.
- 생각이 일어나면 부드럽게 거룩한 단어로 돌아가는 연습을 해 보자.
- 처음에는 짧게 시작해서 점차 익숙해지는 것을 목표로 하자.

2단계: 센터링 침묵기도 독립적으로 경험해 보기(3-4개월 차)
〈권해 드리고 싶은 실험〉
- 하루 중 다른 시간에 센터링 침묵기도 20분만 해 보자. 렉시오 없이도 하나님과의 친밀함이 느껴지는지 경험해 보기 바란다.
- 어떤 시간대가 더 자연스러운지 발견해 보자. 아침, 점심, 저녁 중 언제가 가장 집중하기 좋은지 확인해 보면 된다.
- 각 기도 방법이 주는 서로 다른 은혜를 구별해서 느껴 보자.

3단계: 자신만의 리듬 찾기(5-6개월 차)
〈고려해 볼 수 있는 옵션들〉
- 키팅의 권장: 센터링 침묵기도 → 렉시오 디비나 순서로 해 보자. 침묵 후에 말씀을 받으면 더 깊이 들을 수 있다고 한다.
- 역순: 렉시오 디비나 → 센터링 침묵기도로 계속해도 좋다. 이미 익숙한 방식이라면 무리해서 바꿀 필요는 없다.
- 분리: 아침에는 센터링 침묵기도만, 저녁에는 렉시오만 하는 방법도 있다. 또는 그 반대로도 시도해 보자.
- 계절적 변화: 상황에 따라 순서나 비중을 조절하면서 자신만의 기도 리듬을 만들어 가자.

1. 5. 일상의 친구들: 적극적 기도와 환대 기도*

1. 5. 1. 적극적 기도: 마음 깊이 뿌리내리는 말씀

이 기도는 한번 선택하면 오랫동안 함께하는 기도다. 최소 6개월-1년 간 같은 구절을 사용하며, 성경 구절 중에서 마음 깊이 울리는 10음절 내외의 말씀 하나를 선택한다.

⟨기도문 예시들⟩
- "주님, 이 순간 함께하소서."
- "하나님, 저를 도와주소서."
- "당신의 뜻이 이루어지게 하소서."
- "주님께 저를 드립니다."

처음 몇 달은 의식적으로 반복하지만, 6개월-1년 후에는 저절로 마음에서 일어나게 된다. 1년 이후에는 어려운 상황에서 자연스럽게 떠올라 "감정적 지우개" 역할을 하게 된다.

---

* 이 내용은 아래의 도서들을 참고하여 정리했다.
유해룡 엮고 옮김, 『더 깊은 사귐: 향심기도를 통한 영성 훈련』(서울: 두란노, 2017), 140-142.
토마스 키팅, 『센터링 침묵기도: 누구라도 할 수 있는 관상 기도 입문서』, 권희순 옮김(서울: 가톨릭출판사, 2006), 195-197.
Julie Saad, *Contemplative Life: Discovering Our Path into the Heart of God* (New York: Contemplative Outreach Ltd, 2021), 115-129.

〈적극적 기도의 유익〉
- 하나님의 임재를 일상에서 더 깊이 경험하게 된다.
- 부정적인 생각의 패턴이 긍정적으로 바뀐다.
- 순간적인 반응보다는 의식적인 선택을 할 수 있게 된다.

1.5.2. 환대 기도: 어려운 순간의 선물

환대 기도는 감정 반응이 일어날 때 사용하는 3단계 기도다.

1단계: 느끼고 머물기

잠시 멈추고 깊은 숨을 들이마신 후, 머리부터 발끝까지 천천히 몸을 살핀다. 어깨의 긴장, 가슴의 답답함, 위장의 불편함 등 모든 감각을 알아차리되, 그 감각에 저항하지 않고 그대로 머문다. 예를 들어, 회의 전 긴장으로 어깨가 굳어 있음을 느낄 때 그 감각을 부드럽게 바라본다.

2단계: 환영하기

발견한 감각과 감정을 판단하지 않고 받아들인다. "성령님, 환영합니다"를 세 번 천천히 반복하며, 이 순간의 경험이 하나님의 돌보심 안에 있음을 신뢰한다. 운전 중 막힌 도로에서 느끼는 초조함도 "성령님, 환영합니다"로 맞이할 수 있다.

3단계: 내려놓기

깊은 숨을 내쉬며 다음과 같이 기도한다. "안전, 애정, 통제에 대한 나의 욕구를 내려놓고 이 순간을 있는 그대로 받아들입니다." 업무 평가를 앞두고 느끼는 인정받고 싶은 욕구를 알아차리고 내려놓는 것도 한 예다.

⟨환대 기도의 열매⟩
- 하나님의 임재를 더 깊이 의식하게 된다.
- 과거의 상처에서 자유로워진다.
- 상황에 대한 지혜로운 대응이 가능해진다.
- 참자아로 살아가게 된다.

1.6. 실천 중 자주 겪는 어려움들

1.6.1. 센터링 침묵기도만 하게 되는 경향

'센터링 침묵기도가 가장 깊은 기도니까 이것만 해도 되지 않을까?'라는 생각이 자연스럽게 든다. 하지만 키팅은 센터링 침묵기도만 하는 것이 오히려 신앙생활의 불균형을 초래할 수 있다고 경고했다. 이는 한 가지 음식만 먹으면 영양 불균형이 생기듯이, 침묵기도만 하면 신앙생활이 편중되기 때문이다. 예수님과의 개인적 관계, 성경 말씀, 공동체 예배가 소홀해질 수 있다.

균형 잡힌 길은 센터링 침묵기도를 신앙생활의 "뿌리"로 이해하는 것이다. 뿌리가 깊어야 말로 드리는 기도, 찬양, 성경 읽기, 공동체 예배라는 "열매"가 더 풍성해진다. 핵심은 센터링 침묵기도가 "전부"가 아니라 "중심"이라는 것이다.

1.6.2. 서로 다른 기도 방법들을 섞고 싶은 유혹

'센터링 침묵기도와 다른 기도 방법들을 섞어 하면 더 좋지 않을까?'라는 질문이 자연스럽게 생긴다. 하지만 센터링 침묵기도 중에 적극적 기도나 환대 기도 기법들을 사용하는 것은 실수다. 센터링 침묵기도는 경건한 생각들까지 포함한 모든 생각을 완전히 놓아 버릴 것을 요구하기 때문이다. 방법들을 혼합하면 센터링 침묵기도에 필수적인 수용적 특성이 사라진다.

해결책은 뚜렷한 경계를 유지하는 것이다. 센터링 침묵기도 중에는 거룩한 단어만 사용하고, 다른 기법들은 정식 기도 시간 밖에서 사용해야 한다. 각각의 순수함을 지킬 때 더 깊은 선물을 받게 된다.

1.6.3. 통합 과정을 서두르는 마음

'빨리 모든 기도 방법을 완벽하게 마스터하고 싶다!'는 조급함이 자연스럽게 생긴다. 하지만 세 가지 기도를 동시에 즉시 마스터하기를 기대하는 것은 현실적이지 않다. 각 기도는 확립되기까지 시간이 필요하며, 적극적 기도문은 무의식에 뿌리내리는 데 최대 1년이 걸릴 수 있다.

해결책은 일관된 센터링 침묵기도로 시작하고(2-3개월), 점차 적극적 기도를 추가한 다음, 필요에 따라 환대 기도를 포함시키는 것이다. 천천히 가도 괜찮다. 하나님은 우리의 진심을 보신다.

1.6.4. 특별한 체험을 기대하고 추구하는 마음

'관상기도를 하면 신비한 체험이나 특별한 느낌이 있을 거야!'라는 기대가 자연스럽게 생긴다. 하지만 신비적 상태나 감정적 위안을 얻기 위해 기도를 사용하는 것은 옳지 않다. 이러한 접근법은 자아를 해체하기보다는 강화하기 때문이다.

진짜 열매들은 놀라운 체험보다는 일상 속 작은 변화들이다. 조금 더 평화로워지고, 화를 덜 내게 되고, 다른 사람을 더 이해하게 되는 것들이 진짜 열매다. 해결책은 순수한 의도로 기도하는 것이다. 경험에 관계없이 하나님의 현존에 동의하기로 하고, 생각, 감정, 심지어 영적 메마름까지도 정상적인 것으로 받아들여야 한다.

1. 6. 5. 혼자서만 하려는 경향

'관상기도는 개인적인 거니까 혼자 하는 게 좋겠지?'라는 생각이 자연스럽게 올라온다. 하지만 지도나 공동체 지지 없이 완전한 고립 속에서 기도하는 것은 좋지 않다. 이는 영적 교만, 균형 잡히지 않은 기도 생활, 또는 경험에 대한 오해를 가져올 수 있다.

공동체의 선물은 소중하다. 관상기도회 그룹과 연결되거나 정기적으로 영성지도를 받으면서, 공동체 예배도 함께하면 훨씬 균형 잡힌 성장을 경험할 수 있다.

1. 7. 일상에 자연스럽게 녹이는 방법

1. 7. 1. 아침이 바쁜 분들을 위해

아침 시간이 늘 촉박하다면 5분이라도 센터링 침묵기도로 하루를 시작해 보자. 출근길에는 적극적 기도에서 사용하는 기도 문장을 마음에 품고 가면 된다. 저녁에 여유가 있을 때 렉시오 디비나로 하루를 마무리하면 좋은 리듬을 만들 수 있다.

1. 7. 2. 저녁에 여유 있는 분들을 위해

아침에는 간단한 적극적 기도에서 사용하는 기도 문장으로 시작하고, 저녁에 충분한 시간을 내어 렉시오와 센터링 침묵기도를 연결해 보자. 잠들기 전 감사와 함께 마무리하면 평안하게 잠자리에 들 수 있다.

1. 7. 3. 불규칙한 생활을 하는 분들을 위해

고정된 시간보다는 고정된 마음가짐을 갖는 것이 중요하다. 기회가 될 때마다 하나님과의 시간을 소중히 여기면 된다. 환대 기도는 언제 어디서나 할 수 있는 선물이므로 특히 도움이 될 것이다.

1. 7. 4. 실천 팁들

〈적극적 기도 활용법〉

- 엘리베이터를 기다리는 짧은 시간에 사용해 보자.
- 지하철이나 버스에서 이동하는 동안 자연스럽게 반복하자.
- 단순한 집안일을 하면서 기도 문장을 마음에 품고 해 보자.

〈환대 기도 활용법〉

- 처음에는 5분 정도 조용한 시간을 정해 연습해 보자.
- 일상의 작은 불편함(신호 대기, 대기실 등)부터 시작하자.
- 감정이 격해질 때는 호흡에 집중하며 천천히 진행하자.

1.8. 마무리: 완벽함보다 은혜의 리듬으로

관상기도의 통합은 목적지가 아니라 여정이다. 하나님께서 각자에게 주시는 은혜의 리듬이 다를 수 있다. 렉시오를 먼저 시작했든 센터링 침묵기도를 먼저 시작했든, 그 모든 것이 하나님께서 허락하신 아름다운 시작점이다.

〈기억하면 좋은 것들〉
- 완벽하게 하려고 애쓰지 않아도 된다.
- 하나님께서 이미 여러분과 함께하고 계신다.
- 각자의 속도로, 각자의 방식으로 자라 가면 된다.
- 같은 길을 걷는 동반자들과 함께하면 더욱 풍성해진다.

기도를 빼먹는 날이 있어도, 집중이 안 되는 날이 있어도, 감정이 요동치는 날이 있어도 괜찮다. 다시 시작하는 용기만 있으면 된다.

이 모든 기도의 여정에서 가장 중요한 것은 완벽함이 아니라 하나님과 함께하는 시간 자체다. 그 시간이 어떤 형태든, 하나님께서는 기뻐 받으시고 우리를 더욱 자유롭고 사랑이 넘치는 사람으로 변화시켜 주실 것이다.

토마스 키팅의
거짓 자아 해체 다이어그램

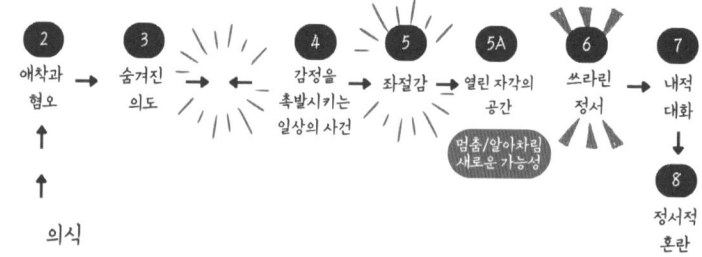

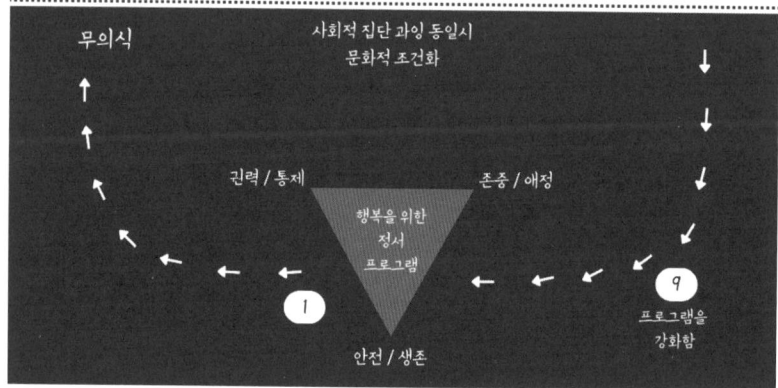

2.1. 거짓 자아 시스템의 흐름과 개입 지점

① **행복을 위한 정서 프로그램**
어릴 적 형성된 무의식적 감정 반응 패턴으로, 안전, 권력, 애정에 대한 충동을 기반으로 한다.

② **애착과 혐오**
무언가를 가지고 싶고(애착), 피하고 싶은(혐오) 감정적 집착이다.

③ **숨겨진 의도(agenda)**
'이것만 있으면 나는 괜찮아질 거야'라는 잘못된 자기 확신에서 비롯된 것이다.

④ **감정을 촉발시키는 일상의 사건**
감정의 버튼을 누르는 외부 자극(무시, 실패, 체면 손상 등)이다.

⑤ **좌절감**
원하는 대로 되지 않아 생기는 불편한 정서적 충격이다.

5A. 열린 자각의 공간
핵심 개입 지점이다.
이 공간에서 *환대 기도*를 통해 '멈춤'과 '알아차림'이 일어나며, 악순환을 끊을 수 있는 기회가 열린다.

⑥ **쓰라린 정서**
분노, 슬픔, 수치심 등 강렬한 감정의 파도다.

⑦ **내적 대화**
자동적인 자기 비난과 자기 설명이다.
"왜 이래?", "넌 안 돼"와 같은 내적 대화의 흐름을 *적극적 기도*를 통해 차단할 수 있다.

⑧ **정서적 혼란**

마음이 흔들리고 자유와 분별력이 사라지는 상태다.

⑨ **프로그램을 강화함**

결국 처음의 정서 프로그램이 더 강화되어 무의식에 고착되는 과정이다. *센터링 침묵기도*를 통해 이 근원을 해체할 수 있다.

2.2. 세 가지 기도법의 개입 방식

① **환대 기도**
- 작용 시점: 의식적 순간
- 효과: 억누르거나 반응하는 대신, 5A단계(다이어그램 참조)를 통해 열린 자각으로 악순환을 차단
- 핵심 장소: '멈춤과 가능성'이 열리는 공간

② **적극적 기도**
- 작용 시점: 내적 대화 이전
- 효과: 자동적 자기 비난이나 설명의 흐름을 예방적으로 차단
- 활용 시점: 정서가 올라오기 시작할 때, 짧은 진리의 문장을 내면화함으로써 작동

③ **센터링 침묵기도**
- 작용 범위: 무의식 차원
- 효과: 행복을 위한 정서 프로그램을 뿌리부터 해체
- 주요 대상: 안전, 권력, 애정에 대한 근원적 욕구

〈핵심 요약〉

5A단계(열린 자각의 공간)와 7단계(내적 대화의 시작 지점)는 거짓 자아 시스템을 변화시킬 수 있는 핵심 개입 지점이다. 이 지점에서 환대 기도와 적극적 기도는 의식적인 차원에서 반복되는 악순환을 끊어 내는 역할을 한다. 반면 센터링 침묵기도는 무의식 깊숙이 자리 잡은 '행복을 위한 정서 프로그램'을 근본적으로 해체하는 데 작용한다.

렉시오 디비나와 센터링 침묵기도

3.1. 관상기도로 이끄는 두 가지 방법

렉시오 디비나
성경을 대화의 주제로 삼아 그리스도와의 우정을 쌓는 가장 오래된 방법으로, 신성한 영감을 받았다고 믿는 책을 읽거나 더 정확하게는 듣는 것이다.
자연스럽게 관상으로 발전하는 수련이다.

센터링 침묵기도
관상기도의 은사를 방해하는 장애물을 줄이고 성령의 영감에 응답하는 데 도움이 되는 습관을 기르도록 돕는 방법이다.
관상을 용이하게 하기 위해 의도적으로 고안된 수련이다.

관상기도
하나님의 임재 안에서 쉬는 것.
마음을 열고 우리의 전 존재를 하나님께로 향한다.
말, 생각, 감정, 행동을 뛰어넘어 교제할 수 있을 정도로 그리스도와의 관계를 발전시키는 것이다.

3.2. 두 가지 방법의 상호작용과 구별

렉시오 디비나
1. 참여적
2. 능동적
3. 더 집중적
4. 성경 말씀은 내용이 있음
5. 생각, 이미지, 통찰을 사용
6. 하나님과의 관계를 강조
7. 센터링 침묵기도로 나아가도록 이끎
8. 쉼을 지속하지 않음
9. 하나님과의 관계에 도움이 되는 요소를 증진시키는 데 초점을 맞춤
10. 그룹 또는 개인

센터링 침묵기도
1. 수용적
2. 수동적
3. 더 수용적
4. 거룩한 단어는 의도 외에 개념적 내용이 없음
5. 생각, 이미지, 통찰을 내려놓음
6. 하나님과의 친밀함을 강조
7. 렉시오 디비나를 더 깊이 받아들이도록 이끎
8. 거룩한 단어를 사용하여 쉼을 지속함
9. 하나님과의 관계에 방해가 되는 요소를 내려놓는 데 초점을 맞춤
10. 그룹 또는 개인

센터링 침묵기도 수련회 참석자들의 체험담

하나복 DNA 네트워크에서 진행한 센터링 침묵기도 수련회의 참가자 23명의 소감문을 주제별로 정리했다. 소감문은 크게 네 가지 영역을 중심으로 구성되었다. 참가자들의 개인정보 보호를 위해 이름은 가명을 사용했고 가운데 글자를 ㅇ로 표시했다.

4.1. 하나님과의 관계 변화

4.1.1. 하나님 현존 인식

◆ 심ㅇ경

센터링 침묵기도를 통해 가장 놀랍게 체험한 변화는, 기도가 더 이상 나의 노력이 아닌 하나님의 현존에 머무는 시간이 되었다는 것입니다. 이전에는 나의 필요와 원하는 결과를 중심으로 하나님께 구하고 매달리던 기도가, 이제는 하나님 안에서 쉼을 누리며 그분의 뜻과 활동에 동의하는 시간으로 변했습니다.

특히 "우리 안에 계시는 하나님"이라는 깨달음은 나의 기도를 초월에서 내재로, 요구에서 동행으로 이끌어 주었습니다. 고난과 시련조차도 하나님의 구속 사역으로 받아들이는 새로운 시각을 통해, 나는 더 이상 상황에 휘둘리지 않고 하나님의 사랑 안에서 깊은 평화와 자유를 경험하고 있습니다. 센터링 침묵기도는 나의 영혼을 새롭게 하고, 매 순간 하나님과 일치하는 삶을 가능하게 하고 있습니다.

◆ 김○빈

센터링 침묵기도를 통해 행복을 위한 정서적 프로그램과의 과도한 동일시에서 조금씩 해방되고 자유로워지는 것을 경험했습니다. 기도 중에 떠오르는 사고들을 흘려보내는 과정에서 내가 중요하다고 여겼던 관심사들이 상대화되고 주변화되며, 모든 것의 근원이신 하나님과의 일치를 지향하는 것이 무엇보다 중요함을 깨닫게 되었습니다.

아침이나 하루 중 적정한 시간에 센터링 침묵기도를 실천하며, 삶 속에서 하나님의 현존과 역사하심을 의식하는 상태가 더욱 지속되고 있음을 느낍니다. 특히 기도는 하나님의 사랑과 지혜, 힘으로 충전되는 소중한 시간임을 알아차렸고, 일상에서 스트레스나 불안을 마주할 때에도 하나님께 모든 것을 맡기며 평안을 유지하는 능력을 키우게 되었습니다.

◆ 박○수

센터링 침묵기도를 통한 가장 큰 변화는 내면의 평안과 하나님의 현존을 깊이 인식하게 된 점입니다. 처음에는 기도 방식에 의구심이 있었지만, 마태복음 6장 6절의 말씀을 묵상하며 이 기도가 하나님과의 깊은 교제를 위한 도구임을 깨달았습니다.

거룩한 단어를 사용하며 생각을 흘려보내는 과정을 통해 내면의 고요함을 경험하고, 일상에서도 스트레스와 갈등 상황에서 중심을 잃지 않고 하나님께 맡길 수 있었습니다. 예를 들어, 목양 활동 중 갈등 상황에서 감정을 흘려보내고 상대방을 이해하게 되었고, 이를 통해 사역에서 인내와 사랑으로 사람들을 대할 수 있는 기반이 마련되었습니다.

무엇보다 이 기도는 나의 거짓 자아를 비워내고 참된 자아를 발견하며, 삼위일체 하나님과의 깊은 교제와 일치를 이루는 여정으로 이끌었습니다. 앞으로도 센터링 침묵기도를 통해 그리스도를 닮아 가는 삶을 지속적으로 추구하며, 이 기도의 열매가 공동체 안에서 확장되기를 소망합니다.

4. 1. 2. 하나님과의 친밀함
◆ 박○정

삶의 분주함 속에서 하나님을 향한 기도가 늘 "무엇을" 구하는 데 머물렀다면, 센터링 침묵기도는 "누구와" 함께하는 기도로 나를 초대했습니다. 골방에서 하나님 앞에 머무르며, 젖 뗀 아이가 어머니 품에 안긴 듯한 평안 속에서 그분의 현존을 경험하는 시간은 내게 새로운 치유와 회복의 길을 열어 주었습니다.

침묵 중에 떠오르는 혼란스러운 생각들과 감정을 억누르지 않고 흘려보내며, 주님의 관점으로 세상과 사람들을 바라보는 법을 배웠고, 이를 통해 내 삶의 중심이 내가 아닌 하나님으로 전환되는 깊은 변화를 경험했습니다. 무엇보다도 주님과 함께 머무르는 시간이 이제는 의무가 아닌 특권임을 깨달으며, 그분의 사랑과 은혜 안에서 자유를 누리게 되었습니다.

◆ 윤○혁

센터링 침묵기도와 영적 여정의 과정은 나를 지속적으로 하나님과의 친밀함으로 초대하며 내 안의 거짓 자아와 정서적 행복 프로그램을 직면하게 합니다. 욥기에서 욥이 질문하는 자리에서 동의하는 자리로 변화하며 하나님의 현존을 경험했던 여정처럼, 나도 센터링 침묵기도를 통해 질문 대신 하나님께 동의하며 그분의 현존 안에 머물고자 애쓰고 있습니다.

감정과 사고를 흘려보내는 연습은 내게 심리적 안정감을 주며, 하나님께서 나의 깊은 상처를 치유하시리라는 믿음으로 이어집니다. 안전에 대한 강한 욕구와 인정받고자 하는 갈망 속에서도, 하나님께 나를 온전히 맡기며 그분 안에서의 완전한 용납을 수용하려는 여정을 계속하고 있습니다.

매일 아침 말씀 묵상 전후로 센터링 침묵기도를 실천하며, 예수님의 성육신과 고난, 부활의 의미를 묵상함으로써 하나님과의 친밀한 교제로 나아가고 있습니다.

◆ 이○순

센터링 침묵기도를 통해 하나님과의 관계가 근본적으로 변화되는 경험을 했습니다. 하나님과의 일치 안에서 진정한 나의 모습을 회복하고자 하는 갈망이 커졌으며, 기도가 더 이상 성취를 위한 행위가 아니라 하나님과 친밀하게 동행하는 삶의 중심임을 깨닫게 되었습니다.

이전에는 기도마저도 내가 잘하고 있는지 평가하며 경직된 마음으로 임했지만, 이제는 하나님 그분 자체가 기도의 목적임을 이해하게 되었고, 그분의 현존 안에서 참된 기쁨을 누릴 수 있음을 체험했습니다.

특히, 진정한 자유는 새로운 것을 얻는 것이 아니라 불필요한 것을 비우고 그것에서 분리됨으로써 가능하다는 깨달음은 나의 신앙 여정에서 큰 전환점이 되었습니다. 하나님께서 창조하신 본래의 모습으로 회복되고, 무한한 행복이 하나님 안에서만 발견될 수 있음을 깊이 경험하며 살아가고 있습니다.

4. 2. 내면의 변화와 성장

4. 2. 1. 자아 발견과 회복

◆ 김○란

센터링 침묵기도를 통해 하나님 앞에서 나의 본모습 그대로 존재할 수 있는 자유를 경험하게 되었습니다. 이전에는 모든 것을 열심히, 더 잘하려는 태도로 임하며 자책과 아쉬움 속에서 기도했지만, 이제는 생각이 떠오르면 자연스럽게 흘려보내며 하나님을 향해 나아갑니다.

그 과정에서 깨달은 것은, 하나님은 내가 무엇을 잘하거나 열심히 하지 않아도 그저 나 자체를 사랑하신다는 것입니다. 하나님의 사랑 앞에서 모범생의 가면을 벗고, 있는 그대로의 나로 하나님을 마주할 수 있게 되었습니다. 이 자유와 평안 속에서 나는 하나님을 온전히 사랑하며 그분의 끝없는 사랑 안에서 살아가고 있습니다.

◆ 최○섭

센터링 침묵기도를 통한 가장 큰 깨달음은, 내가 알고 있던 나의 모습이 거짓 자아에 불과하다는 것이었습니다. 덕분에 하나님의 형상으로 지어진 참된 나를 발견해 가는 자유의 여정을 시작하게 되었습니다. 기도 중 떠오르는 잡념과 감정 속에서 인정욕구와 같은 나의 본능적 행복 프로그램들을 직면하면서, 그것이 나의 본질이 아님을 깨닫게 되었습니다.

성령님께서 내 안에서 일하시며 나를 정화하고 치유하시는 과정을 경험하며, 하나님과의 일치로 나아가는 삶이 무엇인지 새롭게 배웠습니다. 이 기도를 통해 하나님께 나를 내어 드리는 시간이 진정한 자유와 평화로 이어지고 있음을 감사와 기쁨으로 고백합니다.

◆ 이○진

센터링 침묵기도를 통해 하나님과의 깊은 친밀감 속에서 나의 거짓 자아와 직면하고 이를 흘려보내게 되었고, 참자아를 회복하는 여정을 경험하였습니다. 이 과정에서 이전에 의지했던 인간적인 버팀목들이 사라지며 실패와 무능감을 느끼는 순간들도 있었지만, 이는 순수한 믿음으로 나아가도록 인도하시는 하나님의 초청임을 깨닫게 되었습니다.

기도 중 나의 내적 대화를 멈추고 오직 하나님의 현존 안에 머무르는 훈련을 통해, 하나님에 대한 신뢰와 사랑이 깊어졌으며, 나의 관점과 세계관이 하나님의 시선으로 재해석되기 시작했습니다.

이러한 변화는 나의 관계와 삶을 새롭게 조명하며, 하나님께서 주시는 자유와 평안을 조금씩 누리게 하였습니다. 공동체 안에서 서로 지지하고 격려하며 이 여정을 함께할 때, 하나님과의 관계는 더욱 깊어질 것이라는 소망이 생깁니다.

4. 2. 2. 정서적 치유

◆ 이○주

 센터링 침묵기도를 통해 가장 깊이 체험한 변화는, 하나님 안에 머물며 내 안에 가득했던 분노와 슬픔, 버려진 듯한 마음을 흘려보내고 조용히 거룩한 단어를 떠올리며 그분께로 돌아가는 시간을 통해 참된 평안과 안식을 누리게 되었다는 것입니다.

 해결되지 않은 문제와 감정들이 여전히 남아 있음에도, 하나님께서 나를 다정히 안아 주시며 "괜찮다, 잘 견뎠다, 잘 했다"라고 말씀하시는 사랑을 느낄 수 있었습니다. 이 은혜 속에서 나는 정화와 회복의 여정을 경험하며, 조급함을 내려놓고 하루하루를 감사와 평안 속에서 살아가고 있습니다.

◆ 이○형

 센터링 침묵기도를 통해 나의 내면 깊은 곳에서 일어나는 변화를 경험하였습니다. 특히 행복을 위한 정서적 프로그램으로 작용했던 욕구들을 내려놓는 과정에서 예상치 못한 상실감과 헛헛함이 찾아왔습니다. 이러한 슬픔의 순간은 감각의 밤이라는 이름으로 다가왔고, 이를 신실하게 받아들이며 기도할 때 비로소 하나님께 나의 연약함을 드릴 수 있었습니다.

 독일에서 15일간 머무르며 평소의 사역을 떠나 있는 동안, 예전 같았으면 사역의 결과와 성과에 지나치게 애착하며 무거운 짐을 졌을 것입니다. 그러나 이번에는 하나님께 온전히 맡기며, 그분과의 일치를 통해 자유와 평화를 누리는 경험을 했습니다. 나의 연약함이 오히려 하나님의 무한한 자비를 드러내는 통로가 되며, 하나님과의 사랑 안에서 진정한 자기 사랑과 이웃 사랑을 실천할 수 있음을 배우게 되었습니다.

◆ 김○문

생각의 소용돌이 속에 갇혀 있던 내가, 센터링 침묵기도를 통해 마침내 그 모든 것을 흘려보내고 하나님의 현존 안에 머무는 평안을 경험하게 되었습니다. 분노와 불안, 정죄와 판단으로 가득 찬 마음이 침묵 가운데 정화되어 가는 과정을 통해, 나는 하나님께로 돌아가는 길이 항상 열려 있음을 알게 되었습니다.

과거에도 하나님께 기도하며 의뢰한다고 생각했지만, 그마저도 나 중심적이었던 것을 깨달으며, 이제는 그분만으로 만족하고 그분 안에서 쉬는 시간을 소중히 여기게 되었습니다.

매 순간 하나님의 현존을 믿음으로 바라보며, 상황과 상관없이 평안을 누리는 기쁨을 알게 되었고, 이러한 침묵의 시간이 내 삶의 필수적인 훈련으로 자리 잡아 가고 있습니다.

4. 3. 기도의 이해와 실천

4. 3. 1. 기도 방식의 변화

◆ 김○희

센터링 침묵기도를 처음 접했을 때, 이 기도가 동양적 영성과 관련된 것은 아닌지 의구심이 있었습니다. 동양 종교와의 협력 과정에서 나타난 기도법이라는 배경 설명은 혼란을 더했습니다.

그러나 훈련을 이어 가며, 이 기도가 단순히 타종교의 영향을 받은 것이 아니라 기독교의 고유한 영적 유산을 회복하고자 하는 과정에서 나타난 것임을 깨닫게 되었습니다. 마태복음 6장 6절의 '골방에 들어가 기도하라'는 말씀을 묵상하며, 센터링 침묵기도가 나의 노력이나 의지가 아니라, 하나님의 현존과 활동에 동의하며 자신을 내어 맡기는 기도임을 이해하게 되었습니다.

기도 중 떠오르는 잡념마저도 나의 실패가 아니라 하나님께 다시 돌아가는 기회로 받아들이게 되면서, 나의 중심은 점점 나 자신이 아닌 하나님께로 옮겨 갔습니다. 하나님께서 나를 찾으시고 나와 함께하기를 기뻐하신다는 사실을 경험하며, 내 의지로 이루는 것이 아닌 하나님의 은혜 안에서 새로운 자유와 평안을 깊이 체험하게 되었습니다.

◆ 서○중

센터링 침묵기도를 통해 경험한 깊은 변화는 하나님 안에서의 쉼과 일치를 기도의 중심으로 삼게 되었다는 점입니다. 이전에는 기도가 나의 필요와 욕구를 채우기 위한 간구였다면, 이제는 거룩한 단어를 통해 떠오르는 모든 생각과 감정을 흘려보내며 하나님의 현존과 친밀함 안에서 머무는 시간이 되었습니다.

이 기도는 나의 모든 삶을 하나님과의 동행으로 재편하며, 그분의 사랑과 가치 안에서 세상이 줄 수 없는 평안과 자유를 누리는 기쁨으로 인도해 주었습니다.

◆ 정○인

센터링 침묵기도를 처음 접했을 때 잡생각이 너무 많이 떠올라서 거룩한 단어를 떠올리며 그 생각들을 흘려보내는 것이 쉽지 않았습니다. 렉시오 디비나는 거룩한 구절을 되뇌며 내 마음에 어떤 생각이나 느낌이 드는지 알아차리는 과정이 있었지만, 센터링 침묵기도는 떠오르는 모든 생각과 이미지를 그냥 흘려보내야 한다는 점이 어렵게 느껴졌습니다.

하고 나면 머리가 비워진 듯한 느낌이 들긴 했지만, 이것이 단순한 명상과 같은 것인지 의문이 들 때도 있었습니다. 그러나 수업을 통해 기도 중 떠오르는 질문과 불편한 마음들조차 흘려보내며, 어느 순간 그것들이 자연스럽게 사라지는 경험을 했습니다. 그리고 왜 이것이 하나님의 현존 앞에 서는 기도인지 아주 조금씩 깨달아 가는 나 자신을 발견할 수 있었습니다.

4.3.2. 영적 자유
◆ 김○유

센터링 침묵기도를 통해 깨달은 가장 큰 변화는, 책임감에 매여 살아가던 나의 태도가 하나님의 사랑 안에서 넉넉함으로 바뀌었다는 것입니다. 오랜 갈등 속에서 상대방의 문제로만 돌리던 내 시선을 거두고, 내 판단을 내려놓고 신성으로 들을 때 비로소 관계의 회복이 가능하다는 것을 알게 되었습니다.

가족들과의 갈등과 상처가 더 이상 내 마음을 지배하지 않고, 하나님이 주시는 평안 속에서 진정한 사랑과 품는 마음이 생겨났습니다. 모든 주권이 하나님께 있음을 믿으며, 내가 스스로 무엇을 하려 하기보다 그분의 사랑과 인도하심을 신뢰하며 살아가는 자유를 경험하고 있습니다.

"너는 가만히 있어 내가 하나님 됨을 알지어다"라는 말씀 속에서, 이제

나는 하나님의 사랑을 흘려보내는 삶을 배우고 있습니다.

◆ 조○식

　센터링 침묵기도를 통해 내 안에서 참자아를 발견하며, 혼란 속에서도 하나님의 사랑을 느끼는 은혜를 경험했습니다. 침묵기도 중에 폭격처럼 다가오는 감정과 사고들, 삶에서 맞닥뜨리는 관계의 어려움이 여전히 나를 괴롭혔지만, 그 혼란 가운데서도 하나님의 현존을 느끼며 내 안에서 빛나는 예수 그리스도의 빛을 경험하게 되었습니다.

　더 이상 나 중심의 도덕적 완전이나 영적 위안을 기대하지 않게 되었고, 하나님의 은혜 안에서 자유를 누리게 되었습니다. 이제는 혼란 속에서도 하나님의 사랑이 가장 깊은 곳에서 조용히 현존하고 있음을 신뢰하며, 나와 다른 이들을 용서하고 받아들이는 마음으로 살아가고 있습니다.

◆ 유○찬

　센터링 침묵기도를 통해 가장 크게 변화된 점은 하나님께 온전히 맡기는 법을 배우게 된 것입니다. 이전에는 내가 모든 것을 처리하고 간섭하며 매듭지으려 했기에 삶이 무척 힘들었음을 깨달았습니다. 그러나 침묵기도를 통해, 가만히 있으라는 하나님의 초대에 동의하며 하나님께서 시작하시도록 기회를 드릴 때, 놀랍도록 자연스럽게 일들이 해결되는 경험을 하게 되었습니다.

　내 안에 자리 잡고 있던 교만과 자기중심성, 그리고 타인의 문제를 내가 해결하려 했던 마음이 정화되었고, 하나님께 모든 것을 맡길 때 진정한 자유와 평안을 누릴 수 있음을 알게 되었습니다.

이 과정에서 하나님이 내 안에 현존하신다는 믿음이 더 깊어졌고, 침묵 속에서 일어나는 하나님의 다스림과 통치가 내 삶을 새롭게 하는 길임을 확신하게 되었습니다.

4. 4. 관계와 삶의 변화

4. 4. 1. 관계 회복
◆ 신○찬

센터링 침묵기도를 통해 가장 깊이 느낀 변화는, 내 삶을 주관하시는 하나님의 현존을 신뢰하며 스스로의 주도권을 내려놓게 된 것입니다. 이전에는 내가 모든 것을 계획하고 하나님께 승인을 구하는 형태의 기도가 주를 이루었다면, 이제는 "너희는 가만히 있어 내가 하나님 됨을 알지어다"라는 말씀에 따라, 하나님의 현존 안에서 갈등과 혼란을 흘려보내며 그분의 뜻을 기다리는 법을 배우고 있습니다.

관계 속에서 생긴 오랜 갈등들이 이 기도 훈련을 통해 치유되었고, 내 판단과 정죄를 내려놓고 상대방을 있는 그대로 받아들이는 사랑을 경험하게 되었습니다. 이를 통해 나와 타인 모두를 하나님 안에서 새롭게 바라보게 되었고, 삶의 순간순간이 하나님의 은혜로 빛나는 놀라운 변화를 경험하고 있습니다.

◆ 유○하

센터링 침묵기도를 실천하며 삶에서 경험한 가장 큰 깨달음은, 하나님과의 화해를 통해 참된 샬롬과 내적 평화를 누리며 살아갈 수 있게 된 것입니다. 침묵 가운데 하나님의 현존을 의식하며, 떠오르는 감정과 욕망을 흘려보내는 훈련을 통해 나 자신과 타인을 바라보는 관점이 깊어졌습니다.

특히 상대방의 근본 선을 발견하고 조건 없이 사랑하는 법을 배웠으며, 그리스도를 중심에 두며 나의 동기와 삶의 목적이 명확해졌습니다. 일상의 대화와 기도, 관계 속에서도 더 깊은 침묵과 고요를 경험하며, 내적 평화를 통해 나를 샬롬의 증인으로 세워 가시는 하나님의 선하신 인도를 신뢰하게 되었습니다.

4. 4. 2. 삶의 태도 변화
◆ 남○경

침묵 속에서 하나님을 만나는 법을 배우며 내 삶에 가장 큰 변화를 가져온 것은 스스로의 노력이나 의지가 아닌, 하나님께 나를 온전히 맡기는 법을 깨닫게 된 것입니다. 센터링 침묵기도를 통해 떠오르는 잡념과 고민들을 흘려보내고, 하나님의 현존에 머물며 믿음으로 그분의 일하심을 지켜보는 법을 배웠습니다.

이전에는 자기부인과 내려놓음을 내 힘으로 이루려다 좌절했지만, 이제는 하나님께 나 자신을 맡기며 그분의 인도하심 속에서 변화와 평안을 경험하고 있습니다. 이 기도를 지속하며 내 안에 정화되고 있는 거짓 자아의 흔적들을 믿음으로 내려놓고, 하나님께서 새롭게 만드실 나의 모습을 기대하게 되었습니다.

◆ 이○숙

　센터링 침묵기도를 통해 내 삶에 깊은 변화를 경험했습니다. 반복되는 기도를 통해 내 안에 가득했던 소음과 잡념을 마주하며, 그것들이 내 신앙과 삶의 중심을 흐트러뜨렸음을 깨달았습니다.

　특히 행복을 위한 정서적 프로그램과 소속 집단(교회, 공동체)에 대한 과잉 동일시가 문제였습니다. 내가 속한 공동체나 역할에 지나치게 나를 일치시켜 그것에 과도하게 집착하고 얽매이는 태도가 내 행동과 결정을 지배해 왔고, 비록 신앙의 이름으로 행동한다고 생각했지만 사실은 나 자신을 중심으로 살아왔다는 사실이 드러났습니다.

　하지만 매일 기도를 반복하며 거룩한 단어로 돌아가는 순간마다 나 자신이 아닌 하나님께로 향하는 새로운 길이 열렸습니다. 이 과정에서 내가 가진 낮은 자존감과 고정된 관념들이 흘려보내지며, 내면의 밭이 갈아엎어지는 경험을 했습니다.

　무엇보다 하나님이 지금 이 순간에도 현존하신다는 사실을 믿음으로 받아들이며, 나를 있는 그대로 사랑하고, 참된 자기 사랑과 이웃 사랑으로 나아가는 변화를 체험했습니다. 이러한 깨달음은 내면의 자유와 하나님 중심의 삶으로의 전환을 가능하게 했습니다.

◆ 조○욱

　센터링 침묵기도를 통해 거짓 자아를 발견하고 내려놓으며 하나님의 일하심을 신뢰하게 되었습니다. 목자님들과의 조 모임에서는 타인의 인정을 구하는 욕구와 봉사 속에 감춰진 동기들을 발견했고, 하나님께서 이를 정화하심에 감사했습니다.

욥기 묵상을 통해 나의 기대와 정체성을 내려놓고 하나님께 전적으로 맡기도록 초대받았습니다. 침묵기도 중에는 하나님의 현존 안에서 평안을 경험했습니다. 8주 훈련은 나의 신앙 여정을 돌아보고 하나님과 동행할 힘과 소망을 얻은 귀한 시간이었습니다.

4.5. 결론

센터링 침묵기도 수련회는 2박 3일 집중 수련회와 8주간의 과정으로 진행되었는데, 개인의 시간별 변화 과정을 세밀하게 추적하기 어려웠고, 이러한 개인의 변화가 공동체와 사회로 확장되는 영향을 관찰하기에는 한계가 있었다. 그러나 참가자들의 소감문에서는 네 가지 핵심적인 변화가 공통적으로 나타났다.

첫째, 하나님과의 관계가 더욱 친밀해지고 그분의 현존을 깊이 체험하게 되었다.

둘째, 거짓 자아를 발견하고 참된 자아를 회복하는 내면의 변화와 성장이 있었다.

셋째, 기도에 대한 이해가 깊어지고 실천 방식이 변화되었다.

넷째, 타인과의 관계가 회복되고 삶의 태도가 전반적으로 변화되었다.

이러한 변화들은 모두 하나님 중심의 삶으로 나아가는 과정에서 일어난 것으로, 참가자들은 이를 통해 더 깊은 영적 자유와 평안을 경험하게 되었다.

에필로그

"너희는 가만히 있어 내가 하나님 됨을 알지어다."
- 시편 46:10

여정의 마무리, 새로운 시작

이 책을 통해 함께 걸어온 센터링 침묵기도의 여정이 이제 마무리된다. 하지만 진정한 관상 휴가는 지금부터 시작된다. 책장을 덮는 순간이 끝이 아니라, 여러분의 고유한 영적 여정이 펼쳐지는 시작점이다.

코로나 팬데믹 이후, 많은 이들이 영적 갈급함 속에서 새로운 기도의 길을 찾고 있다. 끊임없는 소음과 정보의 홍수 속에서, 센터링 침묵기도는 우리를 깊은 침묵의 공간으로 초대한다. 이 침묵 속에서 우리는 잃어버린 자신을 되찾고, 말없이 사랑하시는 하나님의 현존에 귀 기울인다.

각자의 자리에서 시작하는 관상 휴가

처음 시작하는 분들을 위한 거룩한 5분

5분이면 충분하다. 완벽한 환경을 기다리다 보면 평생을 기다릴 수도 있다. 지하철에서 잠시 눈을 감는 것도, 점심시간 조용한 곳에서 드리는 짧은 기도도 모두 소중한 씨앗이 될 수 있다.

처음에는 생각이 폭포수처럼 쏟아져 내리는 것을 경험한다. 그것이 자연스러운 과정이다. 거룩한 단어를 부드럽게 떠올리며 하나님께 돌아가는 그 작은 움직임 하나하나에서 은혜를 발견한다. 완벽함보다는 신실함이, 성취보다는 관계가 더 소중하다는 것을 깨닫는다.

매일 같은 시간, 같은 장소에서 5분씩 시간을 내다 보면, 어느새 그 시간이 하루 중 가장 기다려지는 순간이 되어 있을 것이다. 마치 오랜 친구와의 만남처럼 자연스럽고 편안한 시간이 되어 간다.

이미 걷고 있는 분들이 발견하는 것들

더 깊은 관상적 삶으로의 길이 자연스럽게 열려 간다. 20분의 기도가 익숙해질 즈음, 그 고요함이 일상 전체로 스며들기를 갈망하는 마음을 만난다. 기도실에서 경험한 하나님의 현존이 부엌에서도, 사무실에서도, 길 위에서도 계속 이어지고 있음을 발견한다.

회의 시작 전 잠시 마음을 고요히 하고, 대화 중에도 내면의 평화가 유지되는 것을 경험한다. 갈등 상황에서도 즉각적인 반응보다는 잠시 숨을 고르며 하나님의 지혜를 구하는 여유가 생겨나는 것을 안다.

적극적 기도와 환대 기도가 일상에 자연스럽게 스며들면서, 하루 전체가 하나의 긴 기도가 되어 가는 것을 체험한다. 설거지를 하며, 운전을 하며, 산책을 하며 드리는 짧은 기도들이 쌓여 깊은 관상적 삶을 이루어 감을 깨닫는다.

공동체와 함께하는 분들이 경험하는 깊이

함께하는 침묵에는 혼자서는 경험하기 어려운 깊이가 있다. 정기적인 모임을 통해 서로의 여정을 나누고 격려하며 함께 성장하는 기쁨을 발견한다.

영성지도나 멘토링을 통해 자신의 기도 여정을 더 깊이 탐구하다 보면, 때로는 객관적인 시선과 지혜로운 조언이 그 여정을 새로운 차원으로 이끌어 준다는 것을 경험한다.

지역 교회나 기도 공동체에서 센터링 침묵기도를 소개하고 함께 나누게 될 때, 자신의 작은 나눔이 다른 이들에게는 영적 갈급함을 해소하는 오아시스가 될 수 있다는 것을 발견한다.

관상적 정체성을 살아 내기

센터링 침묵기도는 단순한 기도 방법을 넘어 새로운 존재 방식으로 우리를 초대한다. 이는 우리가 누구인지, 어떻게 살아야 하는지에 대한 근본적인 전환을 의미한다.

일상에서 발견하는 관상적 현존

기도실을 벗어나 일상으로 돌아갈 때도, 그 고요함이 완전히 사라지지 않는다는 것을 경험한다. 분주한 업무 중에도, 복잡한 관계 속에서도 내면의 중심이 하나님께 머무를 수 있음을 조금씩 깨달아 간다.

동료의 말에 귀 기울일 때도, 자녀와 대화할 때도, 어려운 결정을 내려야 할 때도 먼저 내면을 고요히 하고 하나님의 현존을 의식하는 순간들이 늘어 간다. 이것이 관상적 현존의 실천이라는 것을 자연스럽게 안다.

관계에서 흘러나오는 관상적 사랑

센터링 침묵기도를 통해 경험한 하나님의 무조건적 사랑이 다른 이들을 향한 긍휼과 이해로 흘러나가는 것을 발견한다. 판단 대신 수용을, 정죄 대신 격려를, 분노 대신 평화를 선택하는 순간들이 조금씩 늘어난다.

갈등이 생겼을 때도 즉각적인 반응보다는 깊은 경청을, 문제 해결보다는 관계 회복을 우선하는 마음의 변화를 경험한다. 상대방 안에서도 하나님의 형상을 발견하려는 시선이 조금씩 자라나는 것을 느낀다.

사회를 향한 관상적 참여

개인의 평화가 사회적 무관심으로 이어지지 않는다. 오히려 내면의 고요함에서 나오는 깊은 연민이 이 시대의 아픔과 불의에 더욱 민감하게 반응하게 만든다는 것을 경험한다.

기후 위기, 사회적 불평등, 갈등과 분열의 현실 앞에서 관상적 삶이 평화를 만드는 적극적 참여로 이어짐을 발견한다. 침묵에서 얻은 지혜와 사랑을 구체적인 실천으로 옮기고 싶은 마음이 자연스럽게 생겨난다.

우주적 관상 휴가로의 확장

지난 몇 년간 하나복 DNA 네트워크를 통해 센터링 침묵기도를 함께해 온 이들의 변화를 목격하며, 나는 이 기도가 단순한 개인적 수련을 넘어서는 것임을 확신했다. 한 사람의 내면에서 시작된 평화가 가정으로, 교회로, 사회로 퍼져 나가는 놀라운 변화의 물결을 보았다.

한 목회자가 눈물을 흘리며 고백했던 "칭찬하시는 하나님과 난생처음으로 만났다"라는 말이 아직도 귀에 생생하다. 40대 목회자가 하나님의 은혜를 새로이 깨닫고 목 놓아 울던 그 순간, 'Be Still'이 단순한 고요함이 아닌 가장 역동적인 하나님 체험임을 다시 한번 확신했다.

개인의 관상 휴가는 자연스럽게 우주적 차원으로 확장된다. 마치 한 방울의 물이 연못에 떨어져 동심원을 그리며 퍼져 나가듯, 침묵 속에서 시작된 작은 변화가 온 우주를 품는 사랑으로 커져 간다.

계속되는 초대

이 책을 덮는다고 해서 여정이 끝나는 것은 아니다. 오히려 지금부터가 진짜 시작이다. 책에서 배운 지식이 삶의 체험으로, 이론이 실천으로, 개념이 관계로 변화되는 여정이 펼쳐진다.

완벽하지 않아도 괜찮다. 때로는 서툴고, 때로는 실패해도 괜찮다. 중요한 것은 계속하는 것이다. 매일 아침 눈을 뜰 때마다, "가만히 있으라"(Be Still)는 새로운 초대가 기다리고 있다.

여러분의 관상 휴가가 이 소란한 세상에 평화의 씨앗이 되고, 여러분의 변화된 시선이 다른 이들에게 희망의 빛이 되기를 소망한다. 여러분 안에서 시작될 하나님 나라의 실현이 이 땅을 새롭게 하는 변혁의 물결이 되기를 기도한다.

동행하시는 하나님, 함께 걷는 이들

나의 센터링 침묵기도 여정은 하나님의 은혜와 동반자들의 지지 덕분에 가능했다. 보이지 않는 손으로 이끌어 주신 하나님의 세밀한 인도하심이 있었고, 그 인도하심을 따라 곁에서 함께 걸으며 응원해 주는 사람들이 있었다. 이 책은 그들의 나눔과 은혜 속에서 태어났다.

샌프란시스코 신학대학원의 엘리자베스 리버트 교수님, 한 달간의 강한 몰입을 통해 이 책을 완성할 수 있도록 동행해 주신 황농문 교수님, 플레즌 힐 관상지원단과 콜로라도 덴버 챕터의 영적 동반자들, 매주 센터링 침묵기도와 렉시오 디비나로 함께하는 기도 공동체 구성원들의 헌신이 그 증거다.

하나복 DNA 네트워크 워크샵에 참여하신 목회자, 사모, 목자들의 진솔한 나눔은 이 책의 살아 있는 증언이 되어 주었다. 신소영 영성 디렉터님의 신뢰와 지지, 권희순 목사님과 이건종 목사님의 귀한 추천, 그리고 세심한 교정으로 도움을 준 아내 민소란과 늘 곁에서 기도로 함께해 준 두 딸 하진, 주나와 사위 알렉스의 사랑에 깊이 감사한다.

이 모든 분들과 함께, 각자의 속도로, 각자의 방식으로 걸어가는 이 길에서 우리는 조금씩 그리스도를 닮아 간다. 어떤 이는 깊은 침묵 속에서, 어떤 이는 일상의 작은 순간들 속에서 그분을 만난다.

지금, 여기서 시작되는 관상 휴가

매일 아침 눈을 뜨며 나는 다시 한번 선택한다. 이 거룩한 관상 휴가의 여정에 나를 초대하신 그분의 은혜를 신뢰하기로.

여러분의 관상 휴가가 지금, 여기서 시작된다.

가만히 있으라. Be Still. 그리고 그분이 하나님 되심을 알라.

센터링 침묵기도를 통해 걷는 각자의 여정은 이 세상에 단 하나뿐인 특별한 이야기가 될 것이다.

주요 참고문헌

한국어 문헌

나우웬, 헨리, 『기도의 삶』, 윤종석 옮김, 서울: 복있는사람, 2001.

_____, 『마음의 길: 이 시대 사역자들을 위한 영성 고전』, 윤종석 옮김, 서울: 두란노, 2015.

레어드, 마틴, 『침묵 수업』, 이민재 옮김, 서울: 한국샬렘, 2018.

로렌스 수사, 『하나님의 임재 연습』, 김재구 옮김, 서울: 생명의말씀사, 2010.

로어, 리처드·모렐, 마이크, 『하느님과 춤을』, 호명환 옮김, 프란치스코 출판사, 2022.

머튼, 토마스, 『사막의 지혜』, 안소근 옮김, 서울: 바오로딸, 2011.

_____, 『새 명상의 씨』, 오지영 옮김, 서울: 가톨릭출판사, 2023.

부조, 신시아, 『마음의 길: 향심기도와 깨어나기』, 김지호 옮김, 서울: 한국기독교연구소, 2017.

십자가의 성 요한, 『가르멜의 산길』, 최민순 옮김, 서울: 바오로딸, 2011.

아빌라의 테레사, 『내면의 성』, 최민순 옮김, 서울: 바오로딸, 2012.

엄무광, 『향심기도와 함께하는 렉시오 디비나』, 서울: 가톨릭출판사, 2016.

월터스, C., 『무지의 구름』, 성찬성 옮김, 서울: 바오로딸, 1997.

유해룡 엮고옮김, 『더 깊은 사귐: 향심기도를 통한 영성 훈련』, 서울: 두란노,

2017.

이경용, 『말씀묵상기도: 현대인을 위한 렉시오 디비나』, 서울: 스텝스톤, 2010.

이창영, 『향심기도 수련』, 서울: 분도출판사, 2015.

키팅, 토마스, 『그리스도의 신비』, 윤종국 옮김, 서울: 바오로딸, 2013.

_____, 『내 안에 숨어 계신 하느님』, 한국 관상지원단 옮김, 서울: 가톨릭출판사, 2020.

_____, 『센터링 침묵기도: 누구라도 할 수 있는 관상 기도 입문서』, 권희순 옮김, 서울: 가톨릭출판사, 2006.

_____, 『센터링 침묵기도와 영적여정』, 권희순 옮김, 서울: 은성, 2012.

_____, 『침묵의 대화』, 엄무광 옮김, 서울: 가톨릭출판사, 2015.

_____, 『하느님과의 친밀』, 엄무광 옮김, 서울: 성바오로출판사, 2016.

페닝턴, M., 배절, 『참 자아 거짓자아: 내적 정신의 탐구』, 서한규 옮김, 서울: 성바오로출판사, 2017.

바턴, 루스 헤일리, 『고독과 침묵: 하나님을 경험하는 연습』, 윤종석 옮김, 서울: SFC, 2021.

영어 문헌

Bourgeault, Cynthia, *The Heart of Centering Prayer: Nondual Christianity in Theory and Practice*, Boulder, CO: Shambhala, 2016.

Frenette, David, *The Path of Centering Prayer: Deepening Your Experience of God*, Boulder, CO: Sounds True, 2012.

_____, *Centering Prayer Meditations: Effortless Contemplation to Deepen Your Experience of God*, Boulder, CO: Sounds True, 2014.

Hall, Thelma, *Too Deep for Words: Rediscovering Lectio Divina*, Mahwah, NJ: Paulist Press, 1988.

Keating, Thomas, *The Daily Reader for Contemplative Living: Excerpts from the Works of Father Thomas Keating*, New York, NY: Continuum, 2009.

Paintner, Christine Valters, *Lectio Divina: The Sacred Art*, Woodstock, VT: SkyLight Paths, 2012.

Saad, Julie, *Contemplative Life: Discovering Our Path into the Heart of God*, Bloomington, IN: Balboa Press, 2021.